中学受験

金子式「声かけ」メソッド

最速の国語読解力

国語教育専門家
大学受験専門カウンセラー
香代子

和書房

本書は、子どもの「読解力」を最速で上げる、
親の声かけの本です。

大人の本気の言葉によって、驚くほど子どもは変わります。

そこで、まず親御さんにお伝えしたいのは、

「言葉を減らしませんか？」

ということ。

親は子どものためを思うゆえに
ほめたり叱ったりなだめたり急かしたり……
日々たくさんの言葉をかけています。
たくさんの言葉をかければかけるほど、
「ここぞの言葉」もまぎれ、子どもの耳を素通りしてしまいます。

たしかに子どもの心に届き、
たしかな読解力アップにつながる言葉をかけるには、
親は黙る。
そして、子どもを認める。

本書の「声かけ」はそこから始まります。

はじめに——「声かけ」で読解力はグンと上がる

はじめまして。

大手中学受験塾で約10年間、国語を担当してきた金子香代子と申します。

正直なところ、10年以上のベテランの先生も多いなか、私がこうやって「読解力を上げる術」を語っていいものかと迷いましたが、国語セミナーやカウンセリングをするなかで悩んでいる親御さんがあまりに多いため、筆をとりました。

その大手塾で私は、多くの先生方からさまざまなことを学びました。新米講師の頃はいろいろな先生方の授業を見学したり、勉強会に出席してあれこれ質問したりしていました。そのメソッドは素晴らしく、本書でお伝えする内容の礎となっています。

さて、国語の家庭学習はどのようにされていますか。

皆さんのなかには家庭教師をつけているご家庭もあるかと思いますが、まず真っ先に身につけたい科目は算数でしょう。

実際、算数の家庭教師をつけているご家庭は非常に多いのですが、残りの科目といえば「家族で分担」なのではないでしょうか。4科目につけられればいうことありませんが、そういうわけにもいきません。

理科はお父さんの担当、社会はお母さんの担当。

そして国語は……？

担当者不在です。国語は後回しのパターンが非常に多いのです。

「まあ、日本語だからなんとかなる」という幻想が後回しの理由の1つです。もう1つの理由は、「国語の教え方がわからない」というもの。

親から言えることは、「よく読みなさい」くらいでしょう。そこが皆さんのお困りのところかと思います。

この悩ましい国語という科目。

いったい、どのように目の前にある文章を読んでいけばいいのでしょうか。

大手塾でたびたび言われた言葉が、「講師は教えないように教える」というものです。講師なのに教えない!? と矛盾を感じるかもしれませんが、講師が一方的に教えているとき、子どもの頭は案外、動いていないものなのです。

大切なのは、子ども自らの気づき。それをうながす働きかけをすることです。「子どもの頭を動かす問いかけ」により、気づきや実感を引き出し、子どもが主体的に学んでいく。

このようにして、教えたいことを教えていくと子どもの目の輝きも理解のスピードも違ってきます。

10年間、私は子どもたちがいかに主体的に楽しく学べるか、そのための「問いかけ」をずっと考えてきました。

授業中、子どもたちの目がぱあっと輝く瞬間を見るために講師を続けてきたといっても過言ではありません。

自分の頭で考え、自らが主体的に学ぶ意欲を見せたときに成績向上の成果が表れてきます。とはいえ、働きかけが大事だと言われても、

「親子だと、つい感情的になってしまって……」

と嘆く親御さんも多いでしょう。そんなに難しく考える必要はありません。

塾の帰り道、

「今日の物語文、どんなお話だったの？」

と問いかけてみてください。

「今日のテスト、どうだった？」と聞く代わりに。

内容を正しくつかめているかは気にせず、子どもの話に「へえ、そうなんだ」とうなずくだけで十分なのです。

本書では、文章の「読み方」と的確な「声かけ」を存分にお伝えしていきます。

「本気の言葉」が子どもを変える

大手塾で受け持っていた最下位クラスでは、国語の読解が苦手な子が大半を占めていました。彼らの口からは、「ぼくはできないから」「どうせ第一志望なんか受からない」といった言葉が出てきます。

そんなとき、「そうじゃないんだよ」と大人が本気で言ってあげること、それが子どもが勉強に向かうための第一歩です。

そのクラスでは6年生の春、授業の冒頭でこんな話をしました。

「ここまで来たらクラスは関係ないよ。大事なのはクラスが上がることではなく、志望校に入ること。第一志望に行きたいなら本気でやろう。先生もこの1年の全部をきみたちのために使うから」

大人が真剣だとわかると、子どもたちは目の色が変わります。

そのうえで「何をしていこうか」と具体的な学習計画を話すと、子どもは耳を傾けるのです。

ちなみに、そのクラスの子どもたちは、「受かる見込みがない」と思われていた青山学院中等部、昭和学院秀英中学校、専修大学松戸中学校、芝浦工業大学柏中学校などの上位校に合格しました。「どうせ」「できない」という意識を取り払い、自信をつけていったことが壁を突き破ったのだと思います。

じつは私自身も、息子に中学受験をさせています。

あの切実さといったらありません。完璧にこなそうとするほど、どこにもしわ寄せができないような過密スケジュールはなおさらきつくなります。

成績が順調に伸びたり上位安定できたりすればよいのですが、そうでなければ親子ともに苦しさはつのるばかりです。

当時、私は受験日記をつけていました。学習スケジュールにくわえて、私が息子に投げた反省の言葉を記していましたが、本書の執筆にあたって久しぶりに読み返してみました。当時から10年も経ちますが、11歳の息子の小さな背中に投げた言葉を思い出すと涙が止まらなくなりました。

本書を手にされている皆さんは今、その真っただ中にいることでしょう。本書によってその苦しさを少しでも取り除けたら――。

そして、受験をただ苦しいものとするのではなく、親子で歩む楽しさに変える働きかけのヒントになれば幸いです。

はじめに――「声かけ」で読解力はグンと上がる……4
「本気の言葉」が子どもを変える……7

第1章

なぜ国語の点数がとれない？ 3つの理由

読めない理由① そもそも文章を読んでいない
解けないのでなく、読んでいないのです……24
読めない理由① そもそも文章を読んでいない
はっきり言います。「読書量は関係ない！」……26
読めない理由② 文章の「読み方」を知らない
学年ごとに適した「読み方」がある……28

読めない理由② 文章の「読み方」を知らない
国語はセンスではありません …… 31
読めない理由③ 国語の振り返り方がわからない
「考えたらわかった問題」を探す …… 34
読めない理由③ 国語の振り返り方がわからない
子どもの頭を動かす「振り返り」3ステップ …… 36
読めない理由③ 国語の振り返り方がわからない
「1問でも、自力で進めたきみはえらい!」 …… 39

第2章
物語文の読み方
文章中に書かれていないことを読む方法

読みとれない2つの理由
物語文が苦手な子はなぜ多いのか …… 48

今日からできる！

物語文の読解に効く「2つの声かけ」 …… 51

物語文を読むポイント①

場面の整理——登場人物とその背景を読む …… 54

物語文を読むポイント①

場面の整理——場面分けは、細かく分けすぎない …… 57

物語文を読むポイント①

場面の整理——場面分けは、2つのことを意識して …… 60

物語文を読むポイント②

気持ちの読みとり——「できごと」で「気持ち」は変わる …… 63

物語文を読むポイント②

気持ちの読みとり——泣いているお母さんの「気持ち」は？ …… 67

物語文を読むポイント②

気持ちの読みとり——「気持ち」が発生するメカニズムは …… 70

「気持ちの読みとり」でつまずく3つのカベ

①因果関係を発見できない …… 72

「気持ちの読みとり」でつまずく3つのカベ
②「心情語」を知らない …… 75
「気持ちの読みとり」でつまずく3つのカベ
③文章を客観的に読めない …… 78
背景知識があるかないか …… 81
——缶蹴り、知ってますか

第3章 説明文の読み方
説明文をどう「意識的に」読めばいいか

今日からできる！
説明文の読解に効く「2つの声かけ」 …… 92
説明文を読むポイント①
話題——書き出し部分で「話題」をつかもう …… 95

説明文を読むポイント②
構造――なにとなにかを比べて主張する……100
説明文を読むポイント②
構造――具体例を出して、読者を納得させる……103
説明文を読むポイント③
筆者の「意見」――「大事なところに線を引け」と言われたら……106
説明文を読むポイント③
筆者の「意見」――「まとめの文」をみつける……109
説明文の問題を見てみよう①
筆者の意見や主張が問われる……113
説明文の問題を見てみよう②
具体例について問われる……115
頭のなかに「型」をつくろう！
難関校ほど抽象度が上がる……119
頭のなかに「型」をつくろう！
一度身につけたら、大学入試でも使える……121

第4章

国語の「解き方」を知る
知って損はない「文の型」

文法がわかれば解ける
指示語は、その言葉の前を探そう …… 130
文法がわかれば解ける
述語から、主語を探す …… 133
文法がわかれば解ける
「文法」は家庭でトレーニングできる …… 135
選択肢問題を解く①
キズ探し――文の後半からチェックしていく …… 137
選択肢問題を解く②
キズ探し――選択肢は2つまで絞る …… 141

学習の進めかたのコツ
「コピー1枚」が子どものやる気を引き出す …… 143

過去問を始める前につけておきたい力
自力で振り返る力 …… 145

第5章 「記述力」をつけるために 国語の成績を伸ばす具体的方法

「記述」ができない2つのパターン
「白紙解答」の子と「なにかしら書いている」子 …… 156

白紙解答の理由①
面倒くさがりの子には「字数制限を取り払う」 …… 159

白紙解答の理由②
口では言えるが書けない子には「文の型」を …… 162

白紙解答の理由③
なにを書けばいいかわからない子には「読みとる練習」……164
白紙解答の理由④
「制限時間に終わらない子」には、理解を優先……166
△や×がついてしまう理由①
「なぜ？」と聞かれて「○○から」と答えられない子……168
△や×がついてしまう理由②
問題の「条件」が読みとれていない子……170
確実に10点アップできる！
「記述チェックシート」を使おう！……172

第6章

読むスピードを上げる方法
受験に必要な「速さ」とは

スピードを上げる①
精読と通読——両輪で学習していく……192
スピードを上げる②
わからないものを、わからないまま読み通す……194
スピードを上げる③
つっかえる子には「一文リード読み」……196
スピードを上げる④
音読は「週に3題」のペースでいい……198
スピードを上げる⑤
「音読」のもう1つのメリット……200

Column

学習の進めかたのコツ　計画どおりにいかないと心得る……41
漢字の学習法①　「10回書け」は意味がない……84
漢字の学習法②　音読みと訓読みのダブルアプローチ……86
語句の学習法①　同訓異字と同音異義語のおすすめ例文……123
語句の学習法②　語句は例文とともに暗記しよう……148
語句の学習法③　敬語は「主語はだれ？」でわかる……150
過去問を生かすコツ①　「傾向」を意識させる……184
過去問を生かすコツ②　○×の間にある△を探す……186
語句の学習法④　学習マンガで「語句博士」になれる……202

おわりに……204
参考文献……206

第1章

なぜ国語の点数がとれない？
3つの理由

「うちの子、国語が苦手で……」
と漠然とした悩みを抱えながら、
時間だけが過ぎていく。

国語の成績が一向に伸びずに悩んでいても、なぜ伸びないのかもわからず、
ただ塾に通わせ、家では宿題を漫然とこなすだけ。

この繰り返しの日々を送っているご家庭も多いのではないでしょうか。
お子さんの学力を妨げている主な理由は、次のとおりです。

3つの「ない」

その1
そもそも文章を読んでない

その2
文章の読み方を知らない

その3
国語の振り返り方がわからない

本章では、この3つの「ない」を詳しく見ていきます。

読めない理由①　そもそも文章を読んでいない

解けないのでなく、読んでいないのです

よく親御さんからこのようなご相談をいただきます。

「先生、うちの子、国語ができないんです。100点満点中8点なんですよ」

そのようなとき、

「国語ができないのではなく、文章を読んでいないのですよ」

とお話しします。

たとえば、地球温暖化により都心のビルにもコウモリが住みつくようになったという説明文があるとします。そこで、問題。

「都心の温暖化により、都心のビルに住みつくようになった動物はなんでしょうか？」

Aくんの答え「サル」

私「⁉︎」

コウモリが住みつくようになったと書いてあるのに、答えはサルです。「サルってどこに書いてあったの？」と聞くと、Aくんはニヤニヤしています。そもそも文章を読んでいないのですね。

「解けない、できない」ではなく、読んでいないのです。

このように、そもそも文章を読んでいない、読んでいたとしても斜め読み、飛ばし読みをしているケースが多々あります。また、本文の終わりまで思考体力が続かず、読まずに問題を解き始めるといったケースもあります。

お子さんは、どのケースでしょうか。第2章では物語文の読み方、第3章では説明文の読み方について、詳しくお話しします。

読めない理由① そもそも文章を読んでいない

はっきり言います。「読書量は関係ない！」

先日、小学生親子に向けた「心情読解教室」を開催しました。

すると、聞こえてきます。

「うちの子、本を読まないから読解は苦手で……」

「物語を全然読まないので、登場人物の気持ちが読みとれないんです……」

こう話す親御さんはとても多いのですが、はっきり言います。

読書量は関係ありません。

多読が必ずしも文章を読み解く力には結びつきません。もちろん、読書をすること自体は否定しませんが、文章の「読み方」を学んだうえで、それを生かした読書でなければ、文章は読みとれるようにならないのです。


読書と読解は、別です。

読書は好き勝手に主観的に読めばいいのですが、読解は好き勝手に自分の感想で読み解くものではありません。

文章読解は、客観的に読みとっていく必要があります。

「うちの子、本はたくさん読むのですが、国語ができないんです」

という相談もあります。反対に、本を読まなくても国語ができる子もたくさんいます。

そのちがいは、客観的な「読み方」をしているかどうかです。

お子さんが本を読まないことに、ご心配はいりません。

「私が子どもに本を読んであげてこなかったから……」

とご自分を責めて涙ぐむお母さんも多くいらっしゃるのですが、その後悔は今日でやめましょう。

読めない理由② 文章の「読み方」を知らない

学年ごとに適した「読み方」がある

私が新米講師の頃は、おもに小学3年生、4年生、5年生を担当し、受験学年である6年生をいきなり担当することはありませんでした。新米講師は責任感ゆえに、「4年生のうちにあれもこれも教えなきゃ」と張り切ります。

すると、ベテランの先生から、「6年生を知らなければ、5年も4年も3年も教えられないよ」とアドバイスを受けます。つまり、逆算した考え方が大事だということ。私も、実際に6年生を担当してみて、その言葉の意味を納得しました。

4年生のうちから焦らなくてもよいのです。新米講師同様に、国語の適切な指導法を知らない親御さんは、4年生のうちから焦ってあれもこれもと詰め込みがちです。

急がれる気持ちはよくわかりますが、俯瞰《ふかん》的に、3年生、4年生、5年生、6年生の年月を通してお子さんを育てていくイメージを持ってほしいのです。

では具体的に、学年ごとにどんな「読み方」をすればいいのでしょうか。

まず**4年生のうちは、文章を最初から最後まで読み通せればいい。それだけです**。その練習のために新しいテキストは必要ありません。塾で配られるテキストやプリント、週テストや模試などを使って、文章を読み通せるようにしてください。

150点満点中、130点前後をキープできるようなお子さんは必要ないかと思いますが、100点を超えられないお子さんには、文章を音読させてください。するとと、意外と読めないことに驚くはずです。何度もつっかえつっかえしながら読んでいます。

5年生になったとき、文章をつっかえつっかえしながら読んでいると、お子さんが苦労します。内容が難しくなっていくため、授業についていけなくなるのです。そして、国語がさらに後回しの科目になってしまいます。

国語について「日本語だからなんとかなる」と思っていても、なんとかなるものではありません。まずは、最初から最後まですらすらと文章を読めること。内容は読みとれなくても大丈夫です。

最上位クラスでも最下位クラスでも、4年生のうちは「どこに、なにが書いてあるのか」

の情報収集に終始する講師もいます。部分的な情報の収集もできない、文章を読み通すこともできないとなると、5年生になったときに授業でただ座っているだけになります。

5年生になったら、収集した情報がどのようにつながり合っているかを学び始めます。それを意識することで文章を「読みとる」ことに進みます。

6年生になったら、読みとったことをもとに問題を解いていきます。

つまり、こういうイメージで育てていきます。

- ✓4年生……読み通せること
- ✓5年生……読みとれること
- ✓6年生……解けること

目先の点数がほしい気持ちはよくわかります。クラスも上がりたいですしね。でも、急がないでください。6年生の1月、2月に合格点に達していればいいのですから。

読めない理由②　文章の「読み方」を知らない

国語はセンスではありません

文章の「読み方」を知らずに活字をやみくもに追っている読み方では、いくら練習をしても文章が読みとれるようになりません。文章が読みとれていなければ、問題も解けるようにはなりません。勉強をしているわりに成績が上がらない理由は、このように努力のしかたをまちがえているからです。

では、文章をどう読んでいけば、読みとれるようになるのでしょうか。

中学入試では、次の大問3つの構成で、できていることがほとんどです。

- ✓大問1　語句
- ✓大問2　物語文
- ✓大問3　説明文

どんな文章であっても、文章は論理的なつながりで書かれています。そうでなければつじつまが合わない文章になってしまいます。

文章中の部分と部分がどのような関係でつながっているのか。その文章の構造を理解し、理解するだけではなく自力で構造が発見できるようになること。こうした「読み方」を身につけて精読ができるようになってくると、国語の成績はグンと上がってきます。

私が学生の頃、「国語には勉強法がない」と言い切る先生がいました。三十数年前の話ですが、当時は私も先生の言うとおりだと思っていました。授業では、だらだらとその文章を解説するだけで模試の初見の文章はいつまで経っても読みとれるようにならないにもかかわらずです。

時が経ち、息子が高校受験塾に通い出し、国語の保護者会に顔を出すと、担当の先生が堂々と「国語はセンスだ」と話していました。昔も今もそういうまちがった常識が蔓延しています。

そうはいっても確かにセンスもあります。しかし、センスがなければ国語ができるようにならないのでしょうか。答えは、否です。なぜなら、センスがなくても「読み方」を学び身につけることができるからです。

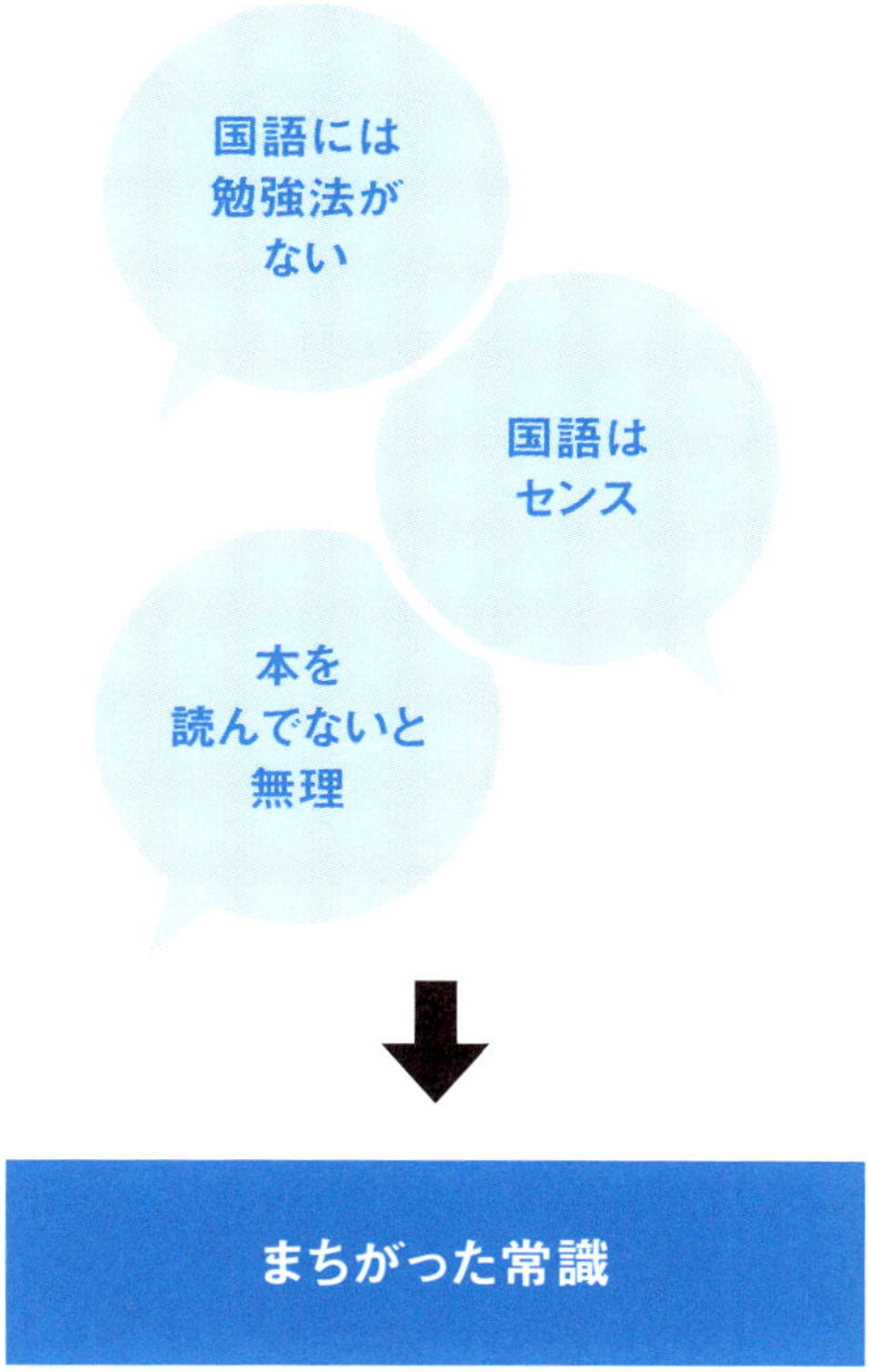
国語には
勉強法が
ない
国語は
センス
本を
読んでないと
無理
まちがった常識

読めない理由③　国語の振り返り方がわからない

「考えたらわかった問題」を探す

受けたテストはそのまま放置。塾で取り組んできた問題を振り返るのを嫌がる。そんな子どもは多いものです。

「正答率60%以上のものはすべて振り返りましょう」と指示する塾もありますが、×がたくさんついていればいるほど、子どもはやる気を失ってしまいます。親もそんな子どもを動かそうとして消耗してしまうといった話をよく聞きます。

このような場合、やりたくないものを完璧にすることは難しいので、振り返る問題をピックアップしましょう。1問だけでもかまいません。

テストを見返していて、「ああ悔しい、できたはずなのに……」という問題があるかと思います。説明を聞いたら「なんだ、こうだったのか」とわかったり、知っていた事柄をついまちがえてしまったりする問題です。

この「考えたらわかった問題」に目を向けていくことがポイント。

考えてもわからない問題に「よく考えなさい！」と言ったところで、わからないものはわかりません。テスト直しはなんでもかんでも完璧に取り組もうとするのではなく、次のような声かけをしていきましょう。

マルつけが終わったところで、

「もう少し考えればわかった問題はどれかな？」

とお子さんに考えさせて、1問だけピックアップします。

もっとできそうなら、数問ピックアップしてもいいでしょう。

1科目につき1問5点だとしたら、4科目振り返りをすれば20点分上がります。

声かけPOINT

「自分で1問決められるよ。4科やったら20点だよ」

読めない理由③　国語の振り返り方がわからない

子どもの頭を動かす「振り返り」3ステップ

国語の読解問題の「振り返り」で多いのは、×がついた答えを解答にある正しい答えに書き直しておしまい、というもの。この直しをするだけで、子どもはなんだか勉強をした気になっています。

一方、親御さんは、「これだけではいけないはず……。でもどうしたら？」と悩まれているのではないでしょうか。

テストやテキストには解答・解説がついていますので、解説を正解にたどりつくガイドとして使っていきましょう。

振り返りをする際に大事なこと。

それは、子どもが考えた道すじを口に出して言わせることです。

正しいことを言わせるのではありません。

国語の「振り返り」の流れは3つのステップで

1　「この問題で問われていることは、なに？」

条件確認をする

設問の情報を整理させます。
たとえば、「なぜか？　と書いているから理由を聞かれているんだね」と一緒に確認しながら進めてもいいでしょう。

2　「どうして、その答えにしたの？」

自分の答えまでの道すじをアウトプット

子どもがどのようにして考えて答えにたどりついたのか、考えた道すじを「自分の言葉」で言ってから、次に進めます。

3-A
**「できそう？
解き直してみよう。
そして、解説を読もう」**

できそうなら、もう一度解き直させてみましょう。そのあと解説を読み、正しかったら、次は自力で解けると自信がつきます。

3-B
**「わからない？
解説を読んでみて、
解き直しをしてみよう」**

わからなかったら、まず解説を読み、正しい道すじを確認したうえで、そのとおりに解き直し、ここで理解を深めます。

自分がどのように考えてその答えに至ったか、それを自覚させるのです。

それをしたうえで解説を読んで振り返らなければ、

「これが×なら、じゃあこっちかな」

と、なんの根拠もない解き直しになってしまうため、勉強になりません。

まちがえた問題は、先のページのような手順で振り返りを促しましょう。

このように、手順をしっかり踏んでから解説を読むと、自分の考えの道すじと正しい道すじが比較でき、自分がどこでミスしているのかを理解しやすくなります。

声かけPOINT

「どうしてその答えにしたの？　へえ、なるほどね」

読めない理由③　国語の振り返り方がわからない

「1問でも、自力で進めたきみはえらい！」

37ページの「振り返り」3ステップで、お子さんが声に出して自分の考えた道すじを話しているとき、親御さんは、どうか否定しないでください。

「そう考えたんだ。なるほどね」とただうなずいていてください。

なにか言いたくなってしまうかもしれませんが、ここは親御さんがじっと耐えて待つ。そのうえで、1問でも自分で振り返りができたら、「1問でも自力で進めたこと」を認めてほめてあげましょう。

振り返りは、まちがいばかりに目がいきがちですが、できた問題も確認すると自信がつきます。

また、**子どもは自分の言葉で話すことによって頭を使います**。こうして自分の解答を客観的に見ることが、過去問を解くときにいきてきます。そうでなければ、親が一生懸命、過去問の解説を読み、子どもがボーッと聞いて待つということになりかねません。そうすると「いったいだれの受験なの!!」と親は言いたくなるものです。

自分の頭で考えようとする、進もうとする。この底力に目を向けていくことが、よい中学受験につながっていきます。

「テストの振り返りやったの？　やってないの？　やらないなら、塾やめなさい！」と叫んでも、子どもはやるようにはなりません。また、子どもから塾をやめるとはめったなことでは言わないものです。

私の息子が通塾していた当時の日記には、そんな暴言に対する反省の言葉が山ほど書いてあります。膨大な勉強量を前に漠然としたことを言っても、親子で苦しいだけ。悩みが深くなる一方です。

まだ小さな器に入りきれないほどの量を一生懸命入れようとするのは解決の道ではありません。あれもこれもこなしきれないほどの量に振り回されずに、できることを見つめていきましょう。そして、できたことは認め、ほめてあげましょう。

声かけPOINT

「1問でも、自力で進めたきみはえらい！」

Column

学習の進めかたのコツ

計画どおりにいかないと心得る

皆さんは、学習計画を立てて進めているでしょうか。

なにかをやり遂げようとするときに、目標や計画はとても大事なことですが、あまり縛られないようにすることも大事です。

人は、目標や計画を立てると、どうしてもそのとおりに進めたくなるものですが、もし立てた計画どおりに子どもが進まなかったら？

どうしてうちの子はこうなのだろうと嘆きたくなったり、叱りたくなったりしがちです。

以前、国語の学習カウンセリングをした5年生のあるご家庭がありました。

「家庭学習はどのようにされていますか？」

と1週間の学習サイクルについてお聞きすると、

「習いごとを週3日もやっているので、その合間の曜日で『さて、今日は何ができるのかな？』と、そのときどきで、できることを考えながら学習を進めています」

Column

とお答えになりました。

つまり、学習計画などないのです。

しかし、お子さんは、驚くほどに学習が自分事になっていて、自分の頭でできることを考えていました。

子どもは、目標地点から逆算して計画を立て、着実にこなしていくことが難しいため、親御さんの時間管理は必要ですが、**「できることはなにか」と考え、できることを行動に移せるサポートのしかたが、ひいては受験への自覚を育てることになります。**

私は、家庭教師先で子どもの学習計画を立てるとき、「どのぐらいできそうかな？」と子どもの反応を見ながら耳を傾け、「これだけはやろうね」と、こなしてほしい最低ラインを決めます。ところが、その最低ラインさえ実行できないケースがほとんどです。

入試間際になると、焦りもあって計画どおりに進められない自分に、子どもは下を向いてしまいます。

「どうして取り組めなかったのかな？」

と聞くと、

「算数に時間がかかっちゃって……」

と答えます。計画がこなしきれないのです。そんなときは、

「大丈夫、超・最低ラインがあるからね！」

と計画を変更すると、子どもは上を向いて笑顔になります。

計画に縛られすぎずに、計画は、計画どおりにはいかないものと心得て、「できること」に着実に取り組んでいきましょう。

第 2 章

物語文の読み方
文章中に書かれていないことを読む方法

物語文は、子どもの等身大の登場人物が出てくる文章が多いため、
読みやすく、好きな子が多いと思われがちです。

ところが、

「答えが文章のなかに書いてある説明文のほうが好き」

という子どもが意外に多いのです。

物語文は、
文章中に書かれていないことを
読みとる難しさがあり、

子どもにとってはそれが曖昧《あいまい》でつかみどころがなく感じられるもの。
しかし、そう感じるだけで、じつはシンプルに読み解くことができるのです。
この章では、こうした**物語文の「読み方」**をお伝えしていきます。

読みとれない2つの理由

物語文が苦手な子はなぜ多いのか

お子さんは、物語文は得意でしょうか。授業で子どもたちに聞いてみると、異口同音にこう言います。

「物語文ははっきり気持ちが書いてないからわかんなーい」

その通り、物語文は文章に書かれていることから「書かれていないこと」を類推しなければいけない難しさがあります。

つまり、文章中にズバリ書かれていない気持ちを読みとることが求められるのです。それが子どもたちにとって、わかりづらいものに感じるようです。

それこそが人間の内にある「気持ちの読みとり」なのですが、一見つかみにくいようで、じつはこれには解き方がちゃんとあります。

また、物語文はずらずらと話が続いていて、情報が混乱しやすく、これも子どもの苦手意識を強めています。

物語文では「場面分け」をして読んでいくことで、情報の整理ができます。

✓ずらずらと話が続いていて、どう情報を整理して読めばいいのかわからない
✓どのように登場人物の気持ちを読みとればいいのかわからない

この2つが、子どもたちが物語文を苦手とする理由です。

塾では、素材文を変えながら、**「いつ・どこに・だれが出てきて・なにが起きて・どんな気持ちになったのか」**の練習を繰り返しています。

にもかかわらず、意識的に読んでいない子のなんと多いことか。

中学入試直前期、あるご家庭に「志望校に受かるための点数が足りないから、なんとかしてほしい」と家庭教師を頼まれたことがあります。

うかがってみると、物語文の「読み方」をなにも教わっていなかったことに驚きました。

「塾で物語文はどうやって読んでいたのかな？」と聞くと、「問題を読んで解いて、マルつけして、帰ってくる」と。

「場面分けのしかたは？」「気持ちの読みとりは、どうしてた？」と聞いても、「今日、それ初めて聞いた」と答えるのです。

このように、「下手な練習」を何回もさせてしまっているケースが少なくありません。

スポーツでもまちがった基礎フォームでひたすら練習してもよい結果と結びつきにくいのと同じで、正しい学習法のうえで、適切なトレーニングを積むことが大切です。

次からは、物語文を読みとるための「読み方」のコツをお伝えしていきます。

今日からできる！

物語文の読解に効く「2つの声かけ」

では、お子さんが実際、どのように物語文を読んでいるのか、読めているのか。すぐにチェックできる「声かけ」を紹介しましょう。早速、今日から実践してみてください。

声かけその1

①だれが出てきて、②なにが起こったの？

塾にお迎えに行かれることがあるでしょう。塾のカリキュラムが「物語文」とあった日には、その日に読んだ話のなかに「**だれが出**

てきて、なにが起こったの？」とたずねてみてください。

だれも出てこない話などありません。作者は必ずだれかを登場させ、なにかできごとを起こします。

声かけその2

❶そのできごとが起きて、
❷登場人物はどんな気持ちになったの？

作者は物語文のなかで、なにかしら「できごと」を起こして、登場人物に「気持ち」を持たせます。

こうした声かけによって、「できごとと気持ちのつながり」を確認することができます。

このように、2つの声かけをすることで、物語文を読解するポイントである「場面の整理」と「気持ちの読みとり」を意識できるようになります。授業で学んだ内容を思い出して、「読み方」の振り返りができるのです。

「でも私はその物語を読んでいないし、正解がわからないのに、なんのためになるのですか？」と思われた親御さん、これは子どもに正解を言わせるものではありません。

物語を読みとるための「型」づくりのお手伝いをしてほしいのです。

この声かけを繰り返していくうちに、「物語文はこういう型を使って読むんだな」と子どもはだんだん理解します。

物語文の活字をただ追うだけの漠然とした読み方から抜けだし、物語文の読み方に変化が見られるようになります。

物語文を読むポイント①

場面の整理
——登場人物とその背景を読む

物語文の授業では、子どもたちにまずこう聞きます。

「だ～れも出てこなくて、な～んにも起きないお話なんてある？」

すると、子どもたちはゲラゲラ笑います。そうです、どこかに、だれかが出てきて、なにかが起こる、それが物語文なのです。

子どもは情報を整理しながら文章を読んでいくという、２つのことを同時進行させることがなかなか器用にできません。読むだけで精いっぱい。漫然と活字を追っているケースがとても多いのです。

では、ずらずらと連なる情報をどう整理していったらよいでしょうか。

「場面」は、次の４つで構成されています。

「場面」は4つで構成されている

1
いつ
（時間）

2
どこで
（場所）

3
だれが
（登場人物）

4
どうした
（できごと）

まず、その物語文にはだれが出てくるか。

登場人物に○をつけながら読んでいきます。

「ぼく」「私」「おばあちゃん」「太郎くん」といった人物に○をつける。

中心人物がわからない子はいないはずです。


大事なことは、登場人物に○をつけるだけでなく、その人たちの人間関係や特殊な事情など、背景までも含めて読むこと。

たとえば、大家族だとかおばあちゃんに育てられているとか体が弱いとか、その子がどういう状況にあるかをとらえながら読んでいくのです。

作者は、わざわざそのような状況を設定しているのですから、目を光らせておきましょう。テーマや中心的内容にかかわってくることが多いのです。

声かけPOINT

「その登場人物は、どんな人？」

物語文を読むポイント①

場面の整理

――場面分けは、細かく分けすぎない

物語は、場面の積み重ねで、できています。

登場人物の情報を収集しつつ、場面の切り替わるところにチェックを入れて、場面ごとに「いつ・どこに・だれが出てきて、なにが起こっているのかな？」と情報を整理して読んでいきます。

場面の切り替わるポイントは、「時間と場所の変化」です。

たいてい場所が変われば、時間も変わるので、両方同時に変わるところが場面の切り替わりです。

場面がピンと来ないお子さんには、こう聞いてみましょう。

「ドラえもんは、ずっとのび太の部屋の『場面』でお話が終わっちゃう？」

すると、「**のび太の部屋の場面だけで、最初から最後までお話が続くことはないよ**」と

答えるはずです。

のび太の部屋の場面、学校の場面、空き地の場面、そしてもう一度、のび太の部屋の場面というように、場面が移り変わります。

場面が切り替わったところに、私は「v」の字でチェックしています。

チェックする際のコツは、改行のない文の途中で分けたり、細かく分けすぎたりしないこと。

のび太の部屋の場面から廊下、階段、玄関……とあった場合、たしかに場所は変わっていますが、場面は続いています。場面分けは、あまり細かく分けないのがコツ。

親御さんは、

「あまり細かく分けすぎないでね。文の途中で分けないでね」

と声をかけるといいでしょう。

「時間と場所」に変化がなく、どうしても分けられない場合は、「登場人物の変化」で分けましょう。

このように場面分けをしながら、場面ごとの情報を整理して読むと、物語文が読み解きやすくなります。

また、「回想的な場面」や「幻想的な場面」は要注意です。

マンガでいえば、雲のようなもわもわした吹き出しが出てきて、現在から過去（回想）に戻り、また現在に帰ってきたり、あるいは現実から非現実世界（幻想）へ行き、また現実に戻ってきたりする、あの場面です。

「回想的な場面」は現在起こっている状況の原因・理由を説明する役割を、「幻想的な場面」は気持ちの変化のきっかけになる役割を果たすことが多くあります。

声かけPOINT

「「場面」をつかめているかな？」

物語文を読むポイント①

場面の整理

——場面分けは、2つのことを意識して

「場面の整理」を問う問題は、いろいろな学校で出題されています。ある有名女子中学校も次のような問題を出題しています。

問1　主人公は何人兄弟の何番目ですか。

「いつ、どこにだれが出てきたの？」「◯印でチェック入れておこうね」と声をかけながら、子どもが自分の手を動かす練習が大事になってきます。頭のなかだけで解こうとしていると、まちがえやすいためです。

また、**慶応義塾中等部や武蔵中学校では、家系図を完成させる問題が出ています。**

登場人物がどのようにつながり合っているのか、場面の情報が整理されていなければ解けない問題です。

開成中学校では、第1問目にこのような場面分けの問題が出されています。

問1　この文章の★印より前の部分は、大きく三つの段落に分けることができます。四年生の「わたし」のことが書かれているか、それより前のことが書かれているかに注目して分けたとき、第二段落と第三段落の始まりはどこからになりますか。それぞれの最初の五字を抜き出して答えなさい。テン・マル・カッコなどの記号も一字に数えます。

（２０１３年　開成中学校）

四年生の「わたし」のことが書かれているか、それより前のことが書かれているかに注目して場面分けします。「いつ」という時間軸がどのように移動しているのか、場面の情報が正確に把握できているかどうかを問われているのです。

子どもの指導をしていると、場面の変化に気づかずに、ただ活字を追うだけの読み方をしている子がたくさんいます。

「いつ・どこで・だれが・どうした」の場面の情報を、場面ごとにつかみながら読む。この基本的なことが大人には「えっ、そんなこと⁉」と一見簡単そうに見えます。

しかし、基本的なことが簡単なことだとは言えません。

設問を見て、あわてて本文に戻り、全文をひと通り確認して場面分けをしていると時間がかかります。

本文を読むときに、「登場人物」や「時間と場所の変わり目」にチェックを入れて、場面分けをしながら読むクセをつけていきましょう。

声かけPOINT

「場面が切り替わったところに、「V」の字を入れよう」

物語文を読むポイント②

気持ちの読みとり

──「できごと」で「気持ち」は変わる

ここからは、中学入試頻出であり、物語文のなかでも子どもたちが苦手とする「気持ちの読みとり」について詳しくお話ししていきます。

「中学受験の国語は気持ちの読みとりがすべて」と言い切る先生もいます。

「気持ちの読みとり」について、子どもたちにこんな質問を投げかけます。

「もし、先生が突然髪の毛を逆立てて、テキストを引き裂いて、怒鳴り声を上げたら、どう思う？」

すると、子どもたちはその様子を想像してゲラゲラ笑います。

「この先生、頭がおかしいと思う」

「だいじょうぶかなと心配になる」

と口々に答えます。次に、

「もしAくんが先生に筆箱をぶつけて、それで先生が怒りだしたら？」

と聞くと、「それは怒って当然」と今度は納得の表情です。

「筆箱をぶつけられたらしかたないよ」

と答えます。さらに、

「では、人が突然怒りだしたら変だと思って、筆箱をぶつけられて怒りだしたらしかたがないと思うのはなぜ？」

と聞くと、子どもたちは「なぜだ？　なぜだ？」と首をかしげます。すると、クラスには必ず気がつく子がいるもので、

「わかった！　理由だ！　怒りだす理由があるからだ」

と答えます。

そうです。

「理由」があれば、人が怒ってもまわりは納得するのです。

逆にいうと、理由もないのに怒るのはおかしいわけですね。

そこで、「それは、現実世界も物語の世界も同じなんだよ」と子どもに伝えます。

図解にしてみるとよくわかります。

気持ちってつかめるの？　「気持ち」を読みとる方法

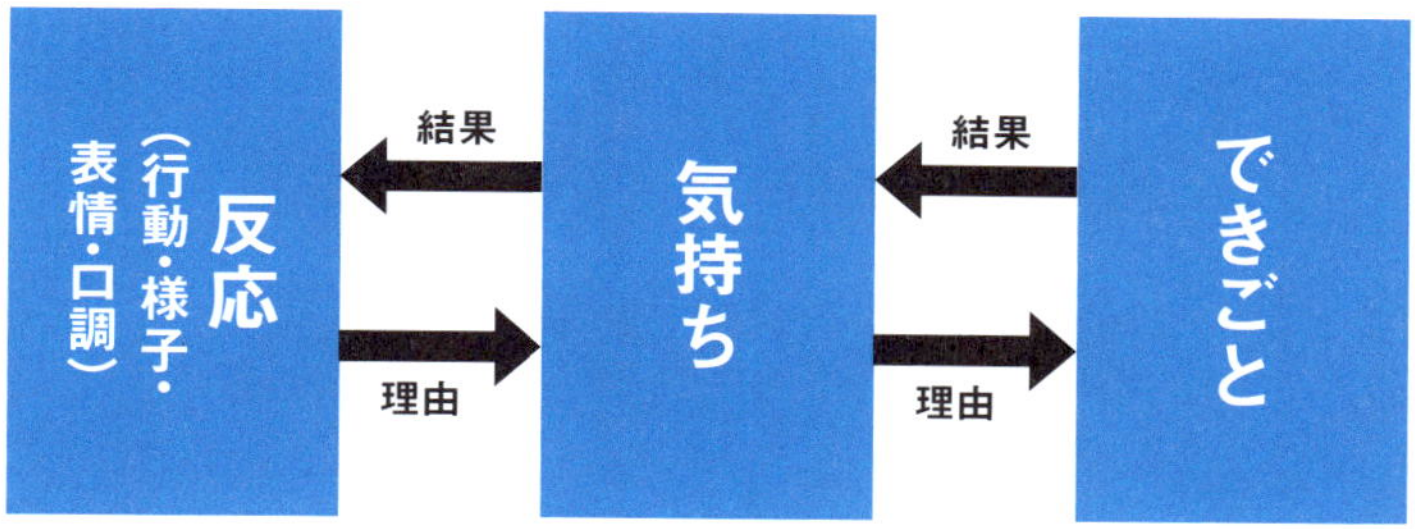

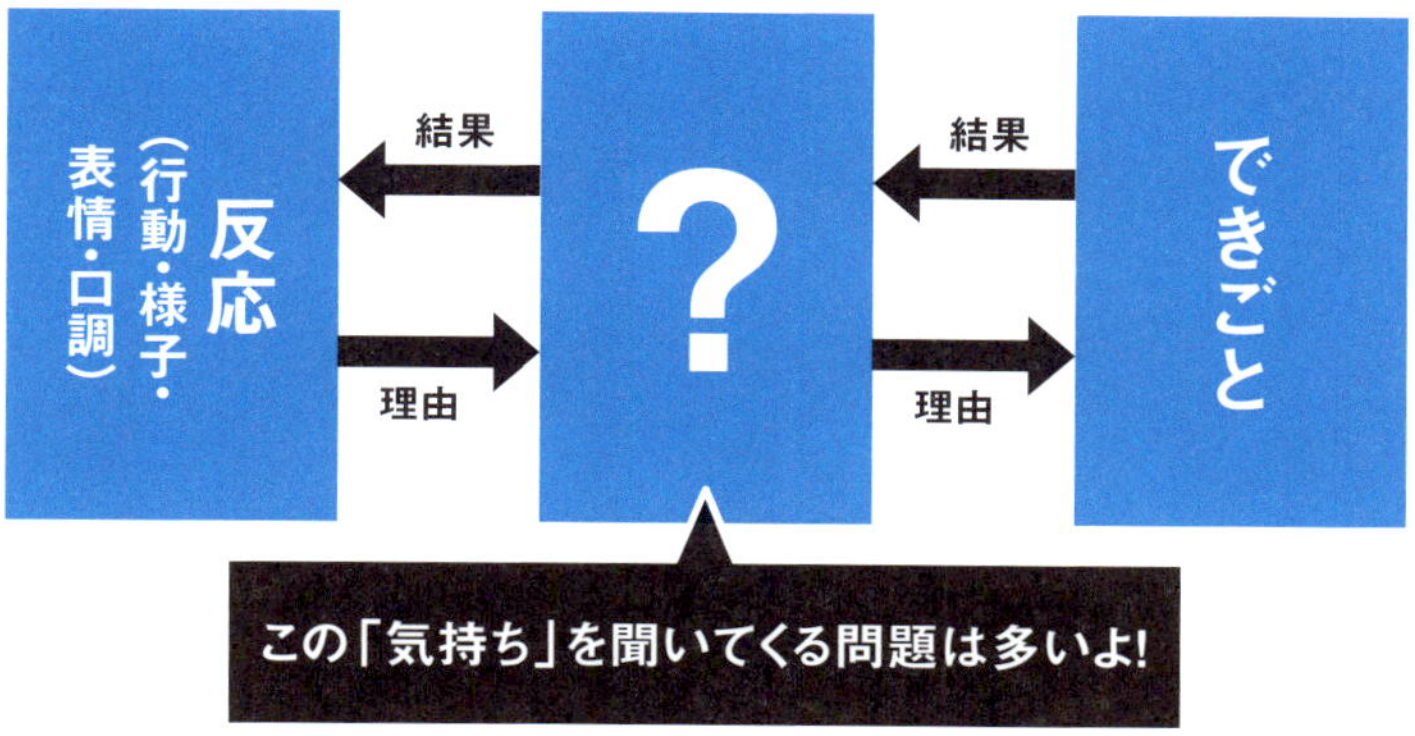

筆箱をぶつけられたというできごとの結果、先生は怒る。その結果、気持ちが反応（行動・様子・表情・口調）として表れ、髪の毛は逆立ち、テキストを引き裂き、怒鳴り声を上げるのです。

これを逆にたどってみましょう。

なぜ先生は髪の毛を逆立てているの？　怒っているから。では、なぜ怒っているの？　筆箱を投げつけられたから。このように理由があるのがわかります。

こうした「理由と結果の関係」を理解し、発見することによって、気持ちが読みとれるようになるのです。

このような構造を理解せずに、やみくもに文章を読んで、やみくもに問いに答えるからまちがえてしまうのです。それでもときどきは正解しますが、ときどき当たる程度の確率でしかありません。気持ちの読みとり方を知り、しっかり得点につなげていきましょう。

声かけPOINT

「その様子になっているのは、どんなできごとがあって、どんな気持ちになっているからなのかな？」

物語文を読むポイント②

気持ちの読みとり

――泣いているお母さんの「気持ち」は？

お子さんが「気持ちの読みとり」をどのくらい理解できているか、ご家庭で簡単に確かめる方法があります。こんな具体例をあげて、聞いてみてください。

「台所の隅《すみ》でお母さんが泣いていました。そのときのお母さんの気持ちは？」

お母さんが台所の隅で泣いているのは、表情、様子なので「反応」。そのときのお母さんはどんな「気持ち」か。ほとんどの子は、「悲しい気持ち」と答えます。理由は、「泣いているから悲しい」と。

でも、本当にそうでしょうか？

たとえば、「子どもが中学受験に合格した」というできごとがあって泣いていたとしたら、それは「うれしい」気持ちからくるうれし泣きですよね。では、もしお父さんとケンカをして泣いているのだとしたら、それは「悲しい」気持ちですよね。

「できごとによって、気持ちは変わるんだよ」

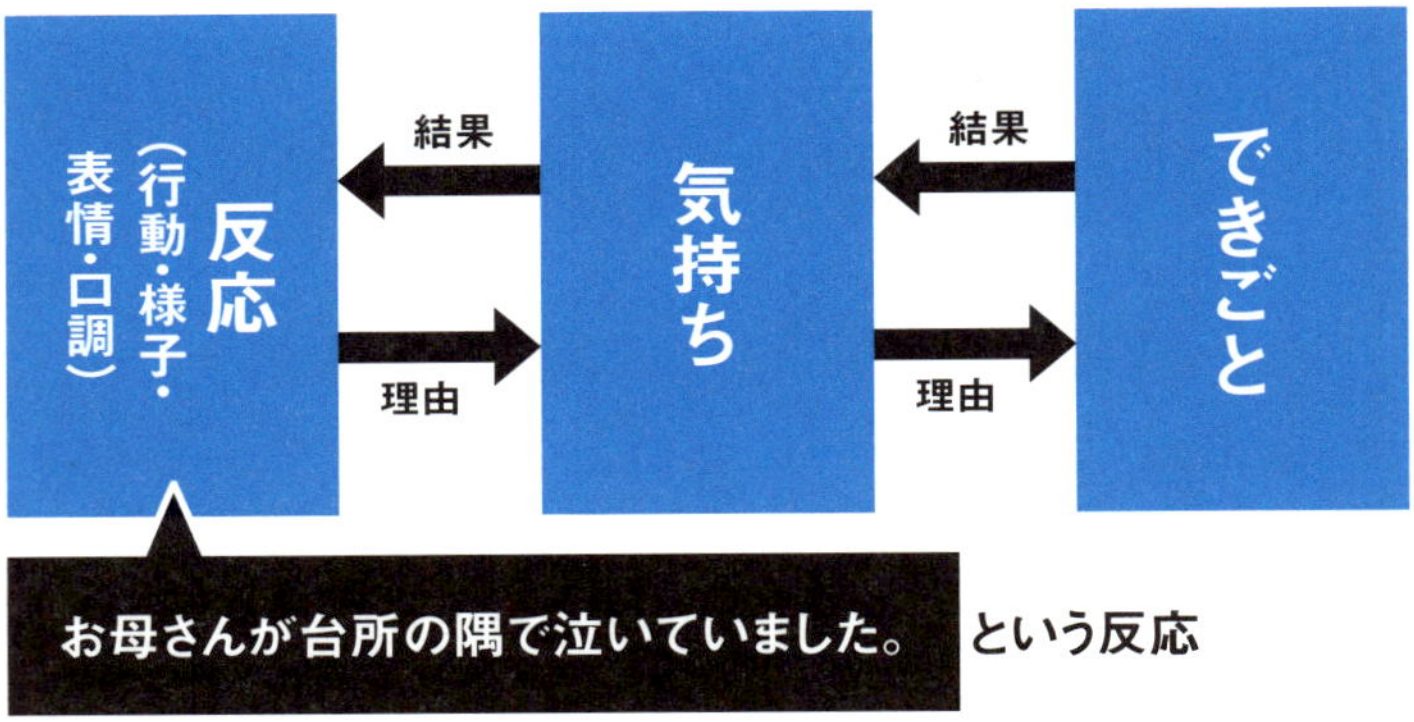

このときのお母さんの気持ちは?

お母さんが泣いている・・・?
その気持ちは?
その前の「できごと」って、なんだろう?

こんなふうに
「お母さんにどんなできごとがあったのか」
を考える。

「できごとと気持ちのつながりを発見して、気持ちは読みとるんだよ」とお子さんに意識させましょう。反射的に「悲しい」と答えるかもしれませんが、1回転ばせたうえで、「じゃあさ、できごとがこうだったら？」というやりとりをご家庭でしてみてください。

できごとと、気持ちと、反応をつなげるワークとして、私は授業で付せんをよく使いました。黒板に「できごと」「気持ち」「反応」の枠をつくり、その一か所について、子どもたちに、付せんに書かせて貼らせます。自分の頭で、できごとと気持ちと反応のつながりを作ってみることで、読みとり方の意識が高められるのです。付せんを使うと、子どもたちは目をきらきらきらと輝かせ、食いつくように取り組みます。

子どもたちは付せんが大好きです。付せんに書いて、机から離れて歩き、黒板にペタッと貼る。競い合ったり話し合ったりしながら、頭だけでなく、心も体も動かす。これだけで、俄然テンションが上がります。

声かけPOINT

「泣いているとき、どんな気持ち？」

物語文を読むポイント②

気持ちの読みとり

——「気持ち」が発生するメカニズムは

さまざまな学校の過去問を見ると、いかに多くの中学校が気持ちの読みとりの出題をしているかがわかります。早速、例をあげて、見ていきましょう。桐朋中学校の問題です。

問三 ——線部②について、「どちらにしても腹が立った」のはなぜだろうか。次の中からもっともふさわしいものを選び、記号で答えなさい。

（2017年　桐朋中学校）

「どちらにしても腹が立った」という文章を見た瞬間、すでに皆さんの頭のなかには、「**理由なく腹は立たない**」「**腹が立った理由となるできごとがあるはずだ**」と思ったのではないでしょうか。できごとと気持ちのつながりが意識でき始めましたね。

それが「読み方」なのです。それをお子さんの頭のなかにつくってほしいのです。

次に、立教新座中学校の問題です。

問六　傍線部④「父はそれ以上はなにもきかずに、黙ってごはんをかきこんだ」とありますが、この時の父の気持ちとして適当なものを次の中から選び、記号で答えなさい。

（２０１７年　立教新座中学校）

「父はそれ以上はなにもきかずに、黙ってごはんをかきこんだ」という動作ともいえない小さな動きが描写されています。この行動・様子を手がかりに、気持ちを類推していきます。**なぜ父は黙ってごはんをかきこんでいるのか**。「このとき、どんな気持ち？　どんなできごとがあったの？」とつながりを発見していきます。

気持ちの読みとりの問題はいずれもこのような仕組みになっています。したがって、気持ちが発生するメカニズムにそって問題を解いていく練習をすることがカギになります。

「気持ちの読みとり」でつまずく3つのカベ

①因果関係を発見できない

気持ちの読みとりの類推のしかたについておわかりいただけたでしょうか。

大人にとっては簡単そうに見えるかもしれませんが、子どもにとってはつまずきどころが3つあります。

1つめは、できごとと気持ちのつながりの発見につまずくこと。

ぼくは今、うれしい気持ちだ
うれしいできごとが起きた
?

この順番が成り立つはずがないと大人は思いますが、子どもはやりがちです。時系列で話が進んでいるとき、まだ起きてもいないできごとと気持ちを結びつけるのです。情報が混乱していて整理しきれない。だからこそ、先述した「場面分け」をしながら読む必要があります。

物語はとめどなく情報がつながるように書かれていて、その切れ目がわかりません。「時間と場所」の変化に着目して場面分けをして、1シーンごとの情報を整理しながら読んでいくと情報の混乱が避けられます。ご家庭でも、「気持ちを引き起こす直接の原因となったできごとはなにかな？」とできごとと気持ちのつながりを意識させてください。

気持ちの記述が求められる場合には、

○○だったので、△△という気持ち

と記述します。これまで述べてきたように、理由なく気持ちは起きないので、理由とな

るできごとと、ともに気持ちを書くこと。気持ちの記述で必要な要素は、

◯◯だったので（できごと・理由）
△△という気持ち（気持ち・結果）

の２つ。この文の「型」を意識して書きましょう。

お子さんが気持ちの記述問題の振り返りをしていたら、

「２つの要素はちゃんと入っているかな？」

と声かけしてあげてください。

よくあるまちがいは、「気持ちのみを記述する」こと。

「どうしてこの気持ちになったの？　理由がないのに気持ちは起きないよ」

とは繰り返し言ってきた言葉です。

問題では、論理的な物事の考え方ができるかどうかを問われているのです。

「気持ちの読みとり」でつまずく3つのカベ

②「心情語」を知らない

「気持ちの読みとり」で子どものつまずきどころの２つめは、**読みとれていても、それを表現する「心情語」を知らない**ことです。

子どもはまだ10年から12年の人生経験しかないため、「悲しい」「悔しい」あたりはわかりますが、「未練」「後ろめたさ」などのやや複雑な気持ちになると言葉で表現することができなくなります。

そこで、読みとった内容に心情語をつけてあげる、心情語を増やす、という学習が必要になります。心情語を知識として覚える必要があるのです。

子どもはよく「クソーッという気持ち」と答えたりしますが、「悔しい」という心情語に置き換える。「がんばるぞという気持ち」は、「前向きな気持ち」に置き換える。このように心情語を当てはめていくといいでしょう。

大手塾の中にはテキストの巻末に、心情語をまとめていることもあるので見てみてください。**子どもたちが難しいと感じる心情語は、丸暗記でなく、現実的な例文とともに覚えていくことがコツです**。丸暗記しても、使い方を知らなければ意味がありません。

親子で参加する国語セミナーで、「後ろめたい」という心情語を使って、あるお母さんがこのような例文を作って発表してくださいました。

「遊んでいたら時間がなくなってしまったので、スーパーでお惣菜《そうざい》を買って帰りました。それをお父さんが食べて『お母さんの手料理おいしいね～』と言ったとき、後ろめたい気持ちになりました」

子どもたちはいかにもその様子が目に浮かぶのかニヤニヤしています。それでいっぺんに「後ろめたい」という心情語が頭に入りました。

こうしてどんどん心情語を増やしていくと、親子で楽しい時間が過ごせるうえに、気持ちを読みとる問題にも対応できるようになります。

声かけPOINT

「後ろめたいと感じるのは、どんなとき?」

心情語——気持ちを表す言葉はこんなにあるよ

**心情語は、「うれしい」「悲しい」「楽しい」だけではありません。
いくつか例をあげてみました。
大人はここにあげた心情語はほぼ理解できますが、
子どもは知らない心情語がたくさんあるのです。
そんな心情語の意味は、辞書で調べて覚えさせるよりも、
「今、〇〇な気持ちなんだ。っていうのはね……」と
会話に入れこんだほうが、子どもの心に残ります。**

プラスの気持ち	うれしい	安心する	親近感をもつ
	好意をもつ	感謝する	思いやる
	受け入れる	満足する	落ち着き
	前向き	夢中	気が晴れる
	幸せ	誇らしい	望み
	ひたむき	尊敬	期待
	信頼	愛する	感動する
マイナスの気持ち	悲しい	くやしい	不安
	心配	八つ当たり	気がかり
	つらい	とほうにくれる	さびしい
	心細い	孤独感	もの悲しい
	あせり	緊張	恥ずかしい
	やりきれない	反感	後悔する
	切ない	残念	後ろめたい
	不満	怒り	腹を立てる
	いこじになる	いら立ち	もどかしい
	気まずい	うとましい	かわいそう
そのほか	驚き	あきれる	きまりが悪い
	意外に思う	不思議	うらやましい
	なつかしい		

「気持ちの読みとり」でつまずく3つのカベ

③文章を客観的に読めない

「気持ちの読みとり」で子どものつまずきどころの3つめは、文章を主観的に読んでしまうことです。客観的に読めないのです。

人間は9歳頃から主観と客観が切り離されてくるといわれますが、個人差が大きく、まだまだ成長のペースが遅いお子さんもいます。そうすると、客観的に読むことが難しく、あくまで主観的に物語を読んでいるのです。

ちなみに、9歳までは主観的に読むことを推奨してください。主観なきところに、客観は育ちません。

宮沢賢治の物語をよく出題する中学校があります。ある年、おきなぐさの花が中心に出てくる問題がありました。

花をきれいに咲かせていたのですが、もう綿毛になって飛び立つばかり。飛び立つ時期は次の風かしら、その次の風かしらと待っているところに、ひばりさんが「悲しくはないですか?」とたずねます。

「ぼくたちの仕事はもうこれで済んだんです。」という部分に傍線が引いてあり、「そのときのおきなぐさの気持ちを答えなさい」という問題がありました。

すると、「悲しみ」と入った選択肢が、真っ先にア〜エのなかのアに登場しているではありませんか。子どもは飛びつきたくなります。

心優しいAくんは案の定、その選択肢アを選んでいました。要するに、「綿毛がもう旅立つばかりで別れがある。悲しい」と主観的に自分の感想で読みとってしまうのです。

ところが、おきなぐさが満足している様子が本文中のところどころにありありと書かれています。人生を全うしたこと、満足だということ、感謝していることを読みとらなければいけないのです。

正解は、「人生を全うしてすがすがしく、感謝し、満足する気持ち」。

「なんで悲しいにしたの?」とAくんにたずねると、

「**だって悲しいから**」

と答えるのです。

「それじゃあ、本文の事実を確認してみよう」

と言うと、悲しいと読みとれるところは1か所もありません。

「Aくんの感想は一切聞かれないからね」

と念押しして入試へと送り出したことがありました。

主観的に読んでしまう場合は、本文中の事実を確認する振り返りが効果的です。

声かけPOINT

「物語を読んだきみの感想は聞いてないよー」

背景知識があるかないか
――缶蹴り、知ってますか

読みとる力をつけるために、ご家庭で意識してほしいことがあります。それは、広い知識の獲得です。

時代が古くなればなるほど、古い時代を題材にした文章は、子どもの泣きどころとなります。背景知識のなさが子どもの読解を妨げるのです。

慶応義塾普通部と江戸川女子中学校では、野球のルールや基礎知識がないと厳しい問題が出ました。

出題年度はさかのぼりますが、渋谷教育学園幕張中学校では、金木犀《きんもくせい》の花が咲く季節を問う問題が出ました。

金木犀といえば秋口ですが、これがわかる子どもの少なさに驚かされました。

開成中学校では「缶蹴り」という言葉が含まれた問題が出題されました。

本文では、遊びにお金がかからなかった昔の遊びとして缶蹴りをあげ、遊びに何かとお金がかかる今の時代が描かれています。本書をお読みの親御さんは、缶蹴りで遊ばれた昭和世代でしょうか。缶蹴りがどのような遊びなのか背景知識がないと、解答に苦戦します。お子さんが放課後どんな遊びをしているのか、皆さんの子どもの頃の遊びに比べたらどうなのか、親子のたわいない会話がこんなところで生かされます。

入試問題には、学校のメッセージが込められている

国語の入試問題には、学校のメッセージが込められていることがよくあります。

2017年の芝中学校では、

ニ□流で活躍する大谷選手。

という問題が出ました。

□に何が入るでしょう?

大谷選手といえば、ニトウリュウ、ですね。はい、「トウ」のところに「刀」を入れる

問題です。残念ながら「投」と書いた子の多かったこと……。

「きみたちは受験、受験で頭がそれだけになっていないかい？　スポーツニュースを見たり、スポーツの話をする心の余裕はあるかい？」

という学校からのメッセージが聞こえてくるようではありませんか！

親御さんも忙しいと思いますが、ご自身の子ども時代の話、季節を感じる話（お盆・和菓子）、スポーツや音楽、ニュースなど、さまざまな事柄に目を向けて、話をしてあげましょう。親子でスポーツ観戦に出かけたり、季節の花々をながめたり、名所に出かけたり、戦争特集などのテレビ番組を見たり。

テキストに向かい頭を使うことも大事ですが、それ以外に求められることもたくさんあります。

会話を楽しみながら、背景知識を蓄えていきましょう。親子であれこれ話した温かな時間は、お子さんの心にも残ります。

Column

漢字の学習法①

「10回書け」は意味がない

お子さんは、どのように漢字の練習に取り組んでいますか。

私がぜひ伝えたいのは、「漢字練習に回数は関係ない」ということ。ちらっと1回見て確認したら漢字を覚えてしまう子もいます。その子に対して「10回書け」と言う必要があるでしょうか。

大事なのは回数ではなく、本人が「もう覚えた！」というところまで練習させることです。もし10回書いても覚えられなければ、11回書かなければなりません。その回数は本人にまかせます。

私も小学校のとき、1つの漢字を50回ずつ書いた経験があります。先生がほめてくれるので、ついうれしくなって書いていたのですが……。

漢字練習は回数が目的になってはいけません。「定着するまで」がポイント。私のような回数を目的とした流れ作業は時間の無駄です。

6年生の秋以降になると入試がぐっと近づき、漢字学習法を根っこから育てている時間

「やりきった１冊」にするには最適の書です

はなくなります。そこでおすすめなのが、『漢字の要』（発行所　株式会社代々木ライブラリー）です。『漢字の要』は入試に必要な語い知識がまとめられているので、「ああ、もう何からやっていいのかわからない……」と途方に暮れるお子さんこそ、このテキストに取り組んでください。

「あれもこれもできなかったけれど、この１冊はやった」という１冊を作る。

６年生の秋以降は、「これだけやった」というものを多く作っていく。それが自信につながっていきます。入試当日、このテキストにある以外の漢字が出たら、あきらめる。「答えられなくてもしかたない」と落ち着いていられるのです。

Column

漢字の学習法②
音読みと訓読みのダブルアプローチ

子どもたちは二字熟語を音読みで覚えてテストで書くことはできます。ところが模試などで、その熟語が訓読みで出されると手が止まってしまいます。

たとえば、「研究」ならば書けるのに、「米を研ぐ」「神経を研ぎすます」と訓読みで出題されると途端に書けなくなってしまう。このようなことになってしまうのは、音読みで丸暗記しているからなのです。

漢字は、音読みと漢字の意味を表す訓読みをつなげる意識を持ちましょう。

そうすると、漢字がもつ意味が理解できるので、苦し紛れに当て字で乗り切るということもなくなります。

私は、子どもに次のように考えさせています。

「だれでも知っている救急車。はじめの『救』の訓読みは何?」

このように聞くと、子どもたちは「すく(う)」と答えます。

「じゃあ、この漢字が使われている二字熟語をあげてみよう」と言うと、「救援」「救助」

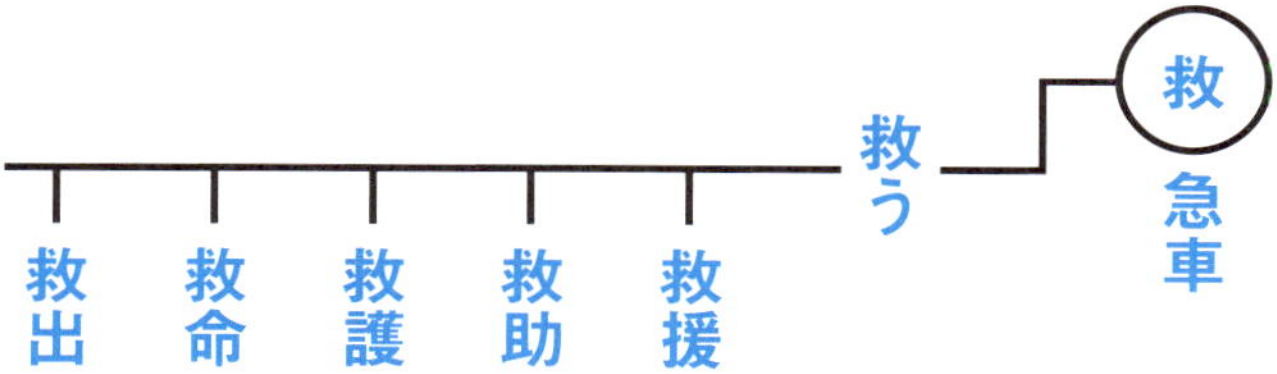

などいろいろな熟語をあげます。

そうすると、「山で遭難しているのでキュウシュツした」という問題が出たとき、救出の「キュウ」は救う、救い出すという意味で使われているのだな、救急車の「救」でも同じ意味合いで使われているしな、とつなげて考えることができるのです。

まちがっても休日の「休」といった当て字をしなくなります。「救出が休みになっちゃったら助からないよ」と言うのですが、本当に「休出」と書く子がいるのです。

このように、その漢字を知らなくても、音読みと訓読みをつなげて考えることができれば、適切な漢字が思いつくようになります。

子どもたちに、救急車の例を示しながら、「漢字はこのようにつなげて考えているよね？」と聞くと、意外や意外、「初めて知った」と答える子が多いことに驚かされます。こういった考え方は自然に気づいていくものかと思っていたのですが。

模試で出題される漢字は、学習の手が届いていない訓読みが出題されるため、熟語を音読みで丸暗記していては、なかなか点数がとれるようにはなりません。ぜひご家庭でも、

「漢字を覚えるときは、音読みと訓読みをつなげて覚えていくんだよ」

と声をかけてください。

訓読みを知るメリットは、漢字問題の得点アップばかりではありません。訓読みがわかれば知らない熟語の意味も見当がつけられるようになり、文章読解にも生かせます。

声かけPOINT

「その漢字の訓読み、知ってる？」

第3章

説明文の読み方

説明文をどう「意識的に」読めばいいか

うちの子、４年生まではよかったんですけど、５年生になったら下がっちゃって……

という親御さんの声をよく聞きます。

説明文は、４年生までは基本的に大人が子ども向けに書いた文章ですから、感覚《センス》で読んでも対応できます。

ところが5年生になると、
大人が大人向けに書いた文章になります。

難易度がぐっと上がり、
感覚《センス》に頼っていると点数がとりにくくなります。
だからこそ、文章は意識的に読むことが必要なのです。
本章では、
説明文をどう「意識的に」読んでいけばいいか、
コツをお伝えします。

今日からできる！

説明文の読解に効く「2つの声かけ」

親御さんのなかには、時間がなくて子どもの勉強を見てあげられないことに罪悪感を覚えている方もいるかと思います。

そこで、説明文の「今日から家庭でできる2つの声かけ」をお伝えします。

声かけその1

なにについて書いてあったの？

塾の帰り道、あるいは塾から帰ってきたら、お子さんが学習してきたことを明確にしましょう。

説明文の授業の日には、まず「なにについて書いてあった？」と聞いてください。

「話題はなに？」と聞くと、難しいことを聞かれたように子どもは身構えるので、かみくだいた言い方で「なにについてのお話だったの？」と。

それをお子さんに答えてもらったら、2つ目の質問へ。

声かけその2
筆者の意見はなんだった？

「そのことについて、筆者はなにを言いたかったの？　筆者の意見はなんだった？」と聞いて、授業でやってきたことを話してもらいましょう。

授業でインプットしたことを口でアウトプットすれば、「振り返り」になります。「筆者」と言うと難しく感じられる場合は、「書いた人」と言い換えてもいいです。

「振り返り」のページでも触れましたが、これは子どもに正解を言わせるためではありません。筆者は、なににについてどのように述べているのか考えながら文章を読み、最終的になにが言いたいのか筆者の意見を読みとる「型」を頭のなかにつくるためです。
この質問を繰り返すことで、「型」が浸透してきます。

「○○についての話（話題）で、○○と筆者は言っていた（意見）」と子どもがひと言で表せるようになれば、「型」ができてきたということ。

「よく読みなさい！」
こんなふうに言われても、子どもは本人なりによく読んでいます。「型」を授業でもつくる。家でもつくる。これを目指していきましょう。

説明文を読むポイント①

話題
――書き出し部分で「話題」をつかもう

説明文の授業で、文章を読み終えたとき、「なにについて書いてあったか、わからなかった」という子が少なからずいます。なにについて書いてあったのかもつかめていなければ、文章は読みとれていませんし、問題も解けません。

「なにについて書かれているか」、つまり「話題」のつかみ方について、ここからお話しします。

「話題」をつかむためには、まず文章の書き出し部分に繰り返し出てくる言葉に注目しましょう。話題なのだから、当然繰り返し出てくるはずです。話題は、「○○○について書かれているんだな、ふむふむ」と読む方向性をつかむためのもので、そんなに厳密に考えなくてもかまいません。

書き出し部分というのは、だいたい1〜2段落目くらいまで。

もう1つ、「話題」をつかむヒントとして、書き出し部分の「問いかけの文」にも注目しましょう。ある中学校の入試問題の冒頭で見てみましょう。

次の文章を読んで、後の問に答えなさい。

これからの時代、人類にとってよい未来を切り開いていくためには、科学者だけでなく、一般の人々も科学を知らなければならない。すべての人間が科学的でなくてはいけない。そんなふうにいわれる。

その発想は何も今に始まったものではなく、戦後からずっと続いてきた風潮《ふうちょう》だと思う。子どもたちに科学的な見方・考え方を教育する運動というのも十年、二十年前からあった。

自分が研究者と呼ばれる者になり、ぼく自身、そうだ、ぼくは科学をやっているんだ、という気になったころ、ふと気がつくと世の中には、普通の人も日常生活を科学的に考えなければというテレビ番組や新聞・雑誌の記事があふれていた。

「科学的に見ないとちゃんと正しくものが理解できない」

そういう意見を耳にしてぼくは疑問に思った。じゃあ、科学的に見ればちゃんとものがわかるというのは、ほんとうのことなんだろうか。そもそも科学というのはそんなにちゃんとしたものなんだろうか。そんなことをつい考えてしまったのだ。

それからは、科学的といわれる態度をめぐってずいぶん議論した。

科学的にこうだと考えられるという話が、しばらくするとまったく間違いだったということはよくある。

たとえば、ある昆虫が非常に的確に行動しており、獲物《えもの》をつかまえるにはどこから近づいて、相手のどこを狙《ねら》えばいいかちゃんと知っていて、それを実行しているという。

実際にその様子を目撃すると確かにすごいなと思う。そのいきものにはそういう行動のパターンがあり、それに則《のっと》ってハンティングしているという科学的説明がされ、実に納得する。

でもほんとうにずっと観察していると、その説明ではダメな場合もたくさんあるということがわかってくる。

（日高敏隆『世界を、こんなふうに見てごらん』）

いかがでしょうか。「科学」が何度も繰り返し出てきますね。最初の段落にはこうあります。

「これからの時代、人類にとってよい未来を切り開いていくためには、科学者だけでなく、一般の人々も科学を知らなければならない。すべての人間が科学的でなくてはいけない。そんなふうにいわれる。」

ここで繰り返し出てくる科学という言葉に目を向け、

「ああ、科学についての話だな」

と「話題」をつかんでしまいます。

少し読み進めていくと4段落目に、

「そういう意見を耳にしてぼくは疑問に思った。じゃあ、科学的に見ればちゃんとものがわかるというのは、ほんとうのことなんだろうか。そもそも科学というのはそんなにちゃんとしたものなんだろうか。」

とあります。問いかけが2か所ありますね。いかにも、「いいえ、科学というものはそんなに立派じゃない」と言いたげです。

書き出し部分での問いかけは、「話題」でもあり、筆者の「意見」に導く言葉でもあることが多く、重要な文です。

筆者は、自分の意見に注目させるために、あえて問いかけているのです。

したがって、問いかけの部分には線を引くなどしてチェックを入れて、その答えを探しながら読んでいきましょう。

このように、話題をつかみ、予測しながら読めるようになると、すっと文章に入っていけるので、読むスピードもついてきます。

声かけPOINT

「どんな言葉が繰り返し出てくるかな？」

説明文を読むポイント②

構造
──なにかとなにかを比べて主張する

説明文では、筆者はなにか言いたいこと（意見）があって、文章を書いています。よって、筆者の意見を読みとることが求められるのですが、ただひとこと意見を「こうです」と言っても、人は納得してくれません。
そこで、筆者はある手段を用いて説明します。

説明文の多くは、筆者が言いたいことを比べながら（対比）、論を進めていきます。

たとえば、日本とアメリカ、大人と子ども、昔と今……。
ほとんどの入試問題でも、説明文はこの対比構造になっています。

成城学園中学校の問題では、体を丸めて腹を守る動物と体を丸めて腹を守ることができない動物を比べて、筆者の意見を述べる文章が出題されました。

鳥は体を丸めて腹を守ることはできなくても飛ぶことでそのデメリットを補い、猫は飛ぶことはできなくても体を丸めて腹を守れる。

筆者がなにを言いたいのかといえば、両者を比べることで、「すべてにいいことというものはない」ということ。このように、比べる手段を用いて、筆者は意見を述べます。

筆者がなにかとなにかを比べて意見を述べている場合は、**筆者はどちらの立場をとっているのか、筆者の立場を明らかにしながら読むと「意見」にたどりつきやすくなります。**

たとえば、「聞く」と「話す」を比べて論を進める筆者が、「どっちの立場をとっているのかな？」と考えながら読むと、情報を整理して読みやすくなるのです。

対比は、「対」が1つとは限りません。

文中に2つのこともあるし、3つのこともある。比べることで、筆者は、自分の意見を光らせるのです。

親御さんは、お子さんにこう問いかけてください。

「比べているのは、なにとなに？」

これを繰り返すことで意識を高められ、

「あっ、比べているぞ！」

と対比構造が発見できるようになり、しだいに、

「ああ、比べることによって、こういうことが言いたいんだなあ」

とわかるようになります。

入試問題では、「対比構造」の文章がよく出題されますから、こうした「読み方」が身につき、無意識に発動するようになればしめたものです。やみくもに読むのとは、雲泥の差が出てきます。

声かけPOINT

「なにとなにを比べながら話が進んでいる？」

説明文を読むポイント②

構造

——具体例を出して、読者を納得させる

説明文は、何かと何かを比べながら筆者は意見を主張すると述べましたが、この「比べる」以外にも筆者の意見を主張する手段があります。

説明文の構造について、例をあげて見ていきましょう。

たとえば、話題が「人の生き方」について。

「人は正直に生きなければいけない」というのが筆者の意見だとします。ただ、そう言っただけで人は納得しないため、次のような手段で具体的に説明します。

■比べる

正直な人と嘘つきな人を例にあげて比べることで、「人は正直に生きなければいけない」と意見を述べます。

■言いかえ

また、例にあげた正直な人を真面目な人、誠実な人と言いかえて繰り返すことで、言いたいことを印象づけて、「人は正直に生きなければいけない」と、意見を強調するのです。

■理由

「なぜそう言えるのか」と、筆者は自分の意見の根拠となる理由をいくつかあげて説明することがあります。たとえば、「正直に生きることで人からの信頼が得られ、豊かに成長できるから」と理由を述べて「人は正直に生きなければいけない」を強調するのです。

■たとえる

「不誠実な生き方をしていると、やがて枯れ木のようになる」とたとえを用いて説明することもあります。

文章の中身というのは、ほとんどがこのように構成されています。

説明文がどのように書かれているのか、おわかりになったでしょうか。

説明文を読むとき「論理構造」を意識する

ある「話題」について、ある事柄とある事柄を例にあげて比べたり（比べる）、似た言葉に言いかえたり（言いかえ）、なぜそう言えるのか理由を説明したり（理由）、別の何かにたとえたり（たとえる）、具体的に説明しながら、筆者は自分の意見を光らせているのです。

説明文を読むポイント③

筆者の「意見」

――「大事なところに線を引け」と言われたら

昔、国語の先生に「大事なところに線を引け」と言われた経験はないでしょうか。「大事なところって、どういうこと?」と思ったことはありませんか。

私は、「そもそも大事なところって?」と思っていました。

あまりにも抽象的で、どこに線を引いたらよいのか……。大事と言ったら全部大事に見えて、すべてに線を引きたくなりました。

「大事なところ」とは、筆者の言いたいことがわかる文、つまり中心文のこと。具体例を通して筆者が言いたいことを「まとめている文」です。

しかし、子どもにとっては全部大事に見えるため、うまく線を引けません。子どもは具体的なところは理解できても、抽象的なことの理解は苦手です。

「発達心理学の知見から、10歳くらいまでの子どもは抽象的な概念理解が得意ではないことがわかっている。具体的な事象は理解できても、それと抽象的な概念をつなげることができない。」

（『中学受験という選択』おおたとしまさ）

こうあるように、抽象的な部分と筆者の意見を結びつけて考えることが難しいのです。

たとえば、次のような例文があったとします。

「日本では、お正月に特別な料理を食べる習わしがあります。黒豆、なます、伊達巻、田作り、昆布巻きなどを作って食べます」

料理の具体例をあげて説明することで、日本ではお正月に特別な料理を食べる習わしがあると伝えたいのですが、

「中心文はどれ？　線を引いてみよう」

と言うと、子どもたちは、

「あっ、黒豆知ってる」

「私、伊達巻好き！」

と言いながら、黒豆や伊達巻などが書かれた文に線を引きます。

見事に、具体的なほうに目が行くのです。

つまり、**子どもにとっては、自分がわかるところが大事な文になってしまう**のです。それは見事といっていいほどです。

「大事なところ」とは、筆者が具体的に説明している部分ではなく、具体例を通して言いたいことが、まとめられている部分。

ところが、子どもは具体的な部分に目が行き線を引いてしまうのです。

声かけPOINT

「筆者はなぜ、この具体例をあげたのかな?」

説明文を読むポイント③

筆者の「意見」
――「まとめの文」をみつける

筆者の意見を読みとるためには、どのように目の前の文章を読みすすめていけばよいのでしょうか。

前のページで述べたように、比べたり、言いかえたり、理由を説明したり、たとえたりしながら、具体的に説明している部分の前後を見てください。具体的に説明されていることをまとめた部分があるはずです。

まとめの部分を「中心文」、あるいは「キーセンテンス」と呼んだりしますが、文章中にいくつかある「中心文（キーセンテンス）」を拾い上げて、その共通点をまとめると「筆者の意見」になります。

先にも出ましたが、図に表すとこうなります。

もう１度

説明文を読むとき「論理構造」を意識する

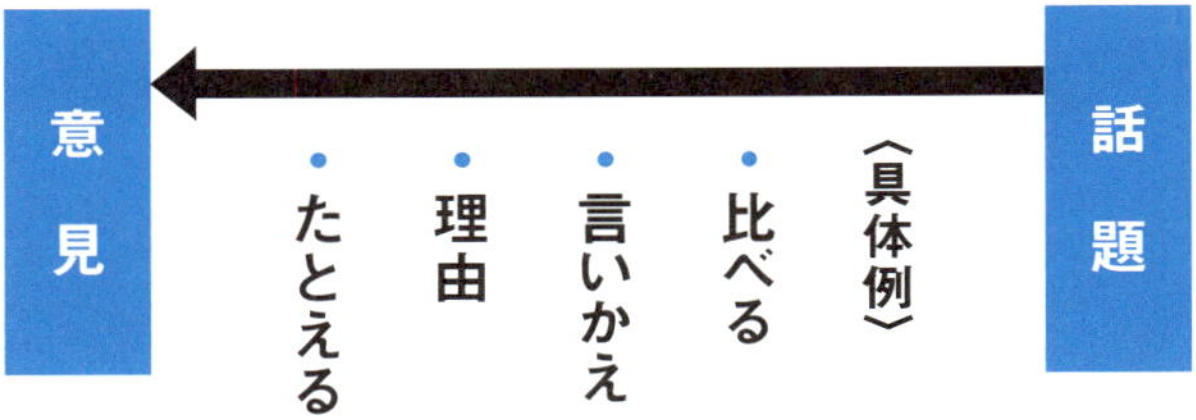

子どもたちは図の論理構造を意識した「読み方」を塾で学んでいます。

「今日は、比べているもの（対比構造）に着目して筆者の意見を読みとってみようね」

「今日は、理由と意見のつながりに着目して読んでみようね」

など、素材文を変えながら文章を読みとる学習をしているのです。

このような**文章の構造を理解し、自ら発見ができるようになることで、文章が読み解けるようになってきます**。

授業では、どのように文章を読みとる練習をしているのか、先ほどの「人の生き方について」を例に見ていきましょう。

どのようにして「筆者の意見」にたどりつくのか考えてみよう

話題はなにかな?

➡ 人の生き方について

話題についてどのような具体例が書いてあるのかな?
具体例はいくつ?

➡ 2つ。正直な人と嘘つきな人が書いてあるよ!

その具体例どうしはどんな関係?

➡ 比べている

そう、じゃあ、比べることで筆者はなにが言いたいのだろうね?

➡ 正直な人のほうが、みんなに好かれている

具体例が出てきたら、
なにか言いたいことが必ずあるはずだよね?

具体例を通して言いたいことはどこに書かれている?

具体例とまとめ、そのつながりを発見できるかな?

➡ 正直な生き方をしたほうが、人生は豊かになる

このような問いかけをしていき、筆者の意見を読みとる練習をしていきます。やみくもに活字を追うのではなく、文章の構造を理解し、どんな文章であっても自力でそれを発見できるようになることが大事です。

このような練習を繰り返していると、子どもの頭のなかに、文章構造の「型」ができてきます。すると、文章を読み終えたとき、この構造が頭にぱっと浮かぶような読み方ができるようになります。たとえばこんなふうに。


「この文章は、○○についてだな」

「早速、具体例を出してきたぞ」

「あ、また具体例が出てきた。筆者は2つのことを比べて、なにが言いたいんだろう」

「おや、次は似た内容を例にあげて言いかえて繰り返しているぞ」

「具体例を通して言いたいことが出てきた！　ここは大事な中心文だ、線を引いておこう」

「ここには理由が書いてあるみたいだな。つまり、筆者の意見は、こういうことだな」


このように、文章の論理的なつながりを発見しながら「読むコツ」をつかむと、文章が読みとれるようになり、問題も解けるようになるのです。

説明文の問題を見てみよう①

筆者の意見や主張が問われる

説明文の問題はどのように出題されているでしょうか。実際の試験問題を見てみます。広尾学園中学校の問題です。

問七　筆者は、「ゴシップ」（人に関するうわさ）について、社会心理学者の川上善郎による三つの機能をあげていますが、筆者自身は「ゴシップ」について、どのようなものだと述べていますか。文章全体をふまえ、かつ、「ゴシップ」の長所・短所をともにあげながら一〇〇字以上、一四〇字以内で説明しなさい。

（２０１７年　広尾学園中学校（第１回））

「話題」（ゴシップ）について筆者の「意見」はどのようなものかを問う「話題と意見の関係」の問題です。

学習院中等科では、筆者の主張を読みとらせています。

問十 この文章の筆者の主張を、五十字以上七十字以内でまとめなさい。
（２０１７年 学習院中学校（第１回））

「なにについて、どうだと意見を述べているのか」を意識的に考えながら読むことが文章を読みとるにも解くにも役立つのです。

意識的に読むことができれば、解答のイメージもパッと頭に浮かび、解くスピードも速くなります。

漫然と活字を追っている読み方をしていると、

「あれ、なんだっけな、なんだっけな」

と読みとれないうえに、答え探しにも時間がかかってしまうのです。

説明文の問題を見てみよう②

具体例について問われる

先に「筆者の意見」を問う入試問題を見てきましたが、次に具体例の提示のされ方について問われている入試問題を見てみましょう。鷗友学園女子中学校の問題です。

問一　――線部「『血液型』の例」とありますが、この例を挙げることで筆者はどのようなことを伝えたいのですか。血液型に関する現状もふくめて百字以内で説明しなさい。

（２０１６年　鷗友学園女子中学校（第１回））

――線部「『血液型』の例」とありますが、「この例を挙げることで筆者はどのようなことを伝えたいのですか」と問われています。

先述しましたが、

「具体例が出てきたら、なにか言いたいことが必ずあるはずだよね？」と、そのつながりをとらえる「読み方」が、このような形で出題されています。

ご家庭でもお子さんに同じように声かけをして、文章を意識的に読む力を高めていきましょう。

品川女子学院中等部では、「言いかえ」について問われています。

問3　――線②「生きているっていう実感を得るために、果たして何をすべきなのか。いくら考えても、なかなか答《こたえ》は見つからない」という苦しい状態を別の言い方で何と言っていますか。本文より9字でぬき出しなさい。

（２０１６年　品川女子学院中等部（第１回））

だれでも相手にわかってほしいことは、繰り返し言いたくなりますよね。説明文でも同じように、筆者は言いたいことを表現をかえて繰り返します。言葉こそちがいますが、「同じこと言ってるよね」という言いかえ表現が発見できれば、筆者が強調していることが見えてきます。

また、本郷中学校では、理由を問う問題が出されています。

問四　――線4「人は、あるころから〜もつようになります」と筆者は述べていますが、なぜそのように言えるのですか。その理由として適当な部分を「〜となるから。」の形に合うように問題文中より十六字以上二十字以内で抜き出し、最初と最後の五字を答えなさい。

（2016年　本郷中学校（第1回））

理由を求められたとき、「なぜなら〜」や「〇〇〇から」などの理由を示す言葉が文章中にあれば答えが発見しやすいのですが、そんなに簡単な問題は見かけません。

設問や傍線部を分析し、キーワードや対応する表現などを手がかりに文脈をたどっていきましょう。

説明文がどのような構成で書かれ、実際にどのように入試問題で出題されているのか見てきました。

文章構成の「型」を知ることが読むにも解くにもいかに効果的か、ご理解いただけたでしょうか。

偏差値が上がるおすすめテキスト

ここでおすすめしたい問題集があります。「この本は、子どもたちに『形ある国語』を提供します」と著書のなかで説明されていますが、『ふくしま式「本当の国語力」が身につく問題集　小学生版』（福嶋隆史著）は、**問題を解きながら論理的な書き方が学べるようになっています**。論理的な書き方と聞くと難しく感じられるかもしれませんが、筋道の通った文章を書く練習のことで、これまで述べてきた文章構成の意識が高められます。

塾では授業内に、論理を意識した書き方のトレーニングが数多くできないので、家庭学習のなかで数をこなして身につけていく必要があります。その練習に最適なのがこの1冊です。

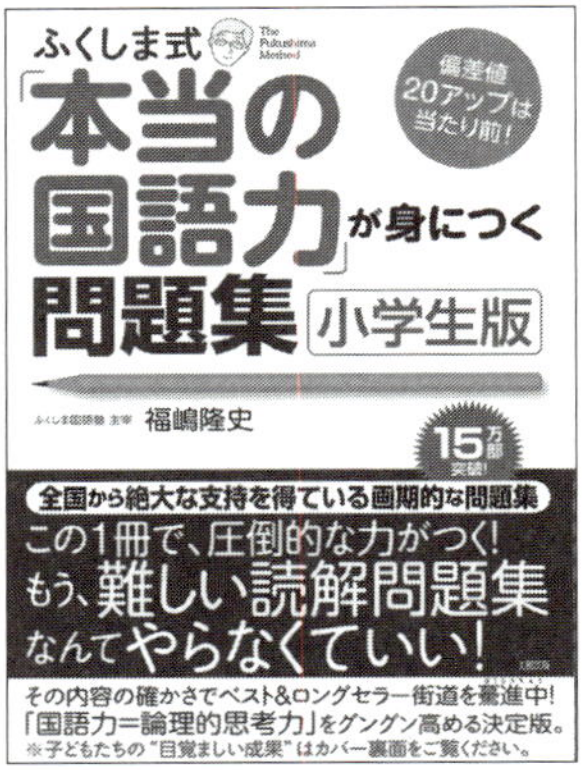

これができたら無敵です

頭のなかに「型」をつくろう！

難関校ほど抽象度が上がる

難関校になると、問題の抽象度が格段に上がります。

普遍、相対、絶対、客観、主観、必然、崇拝……。このような言葉が散りばめられている文章が出てきます。

標準校になると、たとえば「丸くなって眠る猫やアルマジロ」と「丸くならないで眠る鳥」を比べて例にあげるなど、抽象度は下がります。

要するに、抽象的なものは絵に描きづらいものです。**絵にしやすいものほど子どもは理解しやすく、抽象度が上がるほど理解しにくくなります**。「絶対と相対を絵で描いてみよう」と言われても描けませんよね。子どもは、抽象的な言葉を苦手とします。

「抽象的な言葉がいっぱいある文章が読めるようになるのか」という親御さんの悩みは多いのですが、難しい抽象的な言葉も文章中の具体的な部分を手がかりに理解することができます。

文章はつながりをもって書かれているからです。

これまで述べてきた説明文の「型」を頭のなかに作り、「読み方」を身につけていくことで言葉のつながりを理解し、悩みを解決していきましょう。

たとえ抽象度の高い文章であっても低い文章であっても、親御さんは92、93ページにある2つの声かけをしていくことに変わりはありません。

最終的に「筆者が言いたいこと」を読みとることが目的なのです。

声かけPOINT

「なにについて書かれているの？
筆者はなにを言いたいの？」

頭のなかに「型」をつくろう！

一度身につけたら、大学入試でも使える

物語文でも説明文でも、中学生や高校生になったからといって、文章の構成がいきなり変わるものではありません。文章の「読み方」も急に変わったりしないのです。日本語のルールや言葉の論理的なつながりはどこまでいっても同じですから、一度身につけてしまえば、ずっと活用できるものです。

私が中学受験の世界に入って1年目の終わり頃に、

「自分の実力ってどれくらいだろう」

と、ふと思ったことがありました。塾講師の採用試験は通過したものの、自分の受験からは何十年も経っているし、実力のほどがよくわからないのです。

そこで、大学入試センター試験の現代文を解いてみました。もし得点が4割以下だったら自分には能力がないから講師を辞めよう、もし8割以上とれたらこの仕事を続けようと

決心してチャレンジしました。

物語文を解く場合は、「いつ、どこに、だれが出てきて、なにが起きているのか」「この場面ではいったいなにが描かれているのだろう?」と、場面ごとに情報を整理しながら読んでいく。

説明文を解く場合は、「話題をつかみ、具体例を通して筆者が言いたいことを読みとる」読み方で読んでいく。

このように、普段、**子どもたちに伝えている「読み方」だけを使って解いたところ、満点がとれました**。この体験からも、中学入試の「読み方」は大学入試にも通用するのだと確信しました。

いいえ、大学入試だけではありません。その先の人生にもずっと通用する読解力をぜひ獲得してほしいと思います。

Column

語句の学習法①
同訓異字と同音異義語のおすすめ例文

同訓異字、同音異義語は子どもたちの泣きどころです。「この言葉ってどの漢字を使うんだっけ？」と実によくまちがえます。

できるだけ具体的な状況や場面がわかる例文を作ることで、使い方の区別を理解していくことがポイントです。

子どもはおもしろいことはよく覚えるので、おもしろく楽しい例文作りがおすすめです。「非現実世界でもいいよ」と言ったときの子どもの目の輝きといったらありません。「ファンタジーでもSFでもホラーでもオッケー。友達やおうちの人やご近所さんを登場させてもいいよ」

となると、時間を忘れて、いくらでも例文作りをします。

同訓異字の「おさめる」には次のような例文はいかがでしょうか。

「優秀な成績を修めた政治家が、国民から納められた税金を懐に収めた。こんな政治家に国は治められないだろう」

Column

さらに、「おさめる」という訓読みを、音読みにつなげて見ていきます。

「学業の**修了証書**というよね」
「税金を納めることを**納税**というよ」
「お金が入ることを**収入**というよね」
「政治家が国を治めることを**政治**というよね」

このように関連づけていくと理解が深まります。熟語だけを何回も書いて丸暗記しても、結局、使い方を理解していなければ混乱してしまいます。

「務める」という同訓異字は、過去に開成中学校で「学級委員をツトメル。」と出題されています。これも例文とともに覚えましょう。

「波平さんは山川商事に勤めていて、そこで課長を務め、売り上げ向上に努めています」

驚くべきことに、今はサザエさんを知る子どもが減っていて、波平さんに反応してもらえなくなってきましたが。

「会社に勤めることを**通勤**とか**勤務**というね」
「課長という役目を務める、それを**任務**というね」

「向上に努める。**努力**の努だね」

と訓読みを音読みにつなげていけば、さらに理解が深まります。

同音異義語についても例文で覚えましょう。たとえば、「**シュウカン誌を買うシュウカンがある**」という問題。

週刊の漫画をイメージさせます。「コロコロコミックは週刊？　月刊？」と子どもたちに聞くと、「刊」は、書物を出版するという意味があることをすぐに覚えます。

子どもがすでに知っている具体的なイメージと結びつけることで、「週刊」「習慣」、さらに「週間」の使い分けが正確に区別できるようになります。一方を理解すれば他方が理解しやすくなる。

すると、お子さんに、こんな例文を作られてしまうかもしれませんね。

「お母さんは、今週はダイエット**週間**だと言いながら、**週刊**誌を読み、手にはおやつを持っている。これがお母さんの**習慣**だ」

第4章

国語の「解き方」を知る
知って損はない
「文の型」

ここからは物語文、説明文、
そのどちらにも通じる解答技術、
「解き方」のコツをお伝えしていきます。

読解の問題は簡単にすると誰でも解けてしまうため、
作問者はそう簡単には解けない問題を出題します。
そのとき、身につけた「文法」が生きてきます。

どのように文法を学習していくか、
また、文法を使ってどのように解答していくか。
そのポイントをお伝えします。

文法がわかれば解ける

指示語は、その言葉の前を探そう

国語の成績を伸ばすには、3つの力が必要です。

1つめは言葉の知識、2つめは文法の理解、3つめはジャンルごとの読み方ですが、そのうちもっとも疎《おろそ》かにしがちなのは文法の理解です。

とても重要であるのにもかかわらず、徹底的に身につける間もなくカリキュラムは駆け足で進みがちです。なかでも肝要なのが、

- ✓主語
- ✓述語
- ✓修飾語
- ✓指示語
- ✓接続語

この5つです。

文法の理解がぐらぐらしていると、文章の読みとりはもちろんですが、問題で求められていることがよく理解できず、解くのもうまくいかなくなります。

成績の伸びも、最後に突き抜けていきたいところでブレーキがかかってしまうのです。

たとえば、入試にはこんな問題が出題されます。

問1　それを見た瞬間、私は頭が真っ白になったとありますが、私はなぜ頭が真っ白になったのですか。

「それ」を見て頭が真っ白になったのだから、**「それ」（指示語）**が指す内容を手がかりに解く、文法の理解が解くカギになってきます。

このことがわかっていないと、文章をひたすらさかのぼって答えを探すことになります。当然、時間もかかります。

このように、文章中にある指示語を手がかりにして読み解く問題はよく出題されます。

入試問題では、「チューリップが咲いた。それは美しい」などという簡単な指示語の問題は見かけません。

短文のなかでは指示語の指す内容はすぐに見つけられますが、指示語が長い文脈のなかに埋め込まれると、途端になにを指しているのかわからなくなるケースがとても多いのです。

まずは、短文で練習して、それができるようになったら長文でやってみる、というように、段階を踏みながら習得していきましょう。

「それ」「あれ」「これ」「どれ」などの指示語は、繰り返しを避けるために使われている言葉です。これらは文章を読み解くうえでカギとなることが多いので、見落とさずに着目できる力をつけていきましょう。

声かけPOINT

「指示語が出てきたら、その言葉の前を読んで、なにを指しているのか確認しようね」

文法がわかれば解ける

述語から、主語を探す

主語と述語がわからないと、読むにも書くにも選択肢を選ぶのにも支障があります。難しい文章ほど、主語・述語を明らかにすると、書かれていることがわかりやすくつかめるようになります。

主語と述語では、まず述語を探します。**述語は文の一番後ろ**。

例外を除けば原則、文末にあるから探しやすいのです。述語が見つかったら、次に述語に「なにが？」「だれが？」と自分で質問して、主語を探します。それを特訓していくと、文の骨格がつかめ、難しい文も読みとりやすくなります。

昨日は私は、青いワンピースは着ませんでした。

この、主語と述語は探せましたか？

まず、文末の「着ませんでした」という述語から見て、「だれが？」と主語を探していきます。

主語・述語を明らかにすると、文章がほどけてくるのです。

「なにが（主語）、どうだ（述語）」という核を見つけられれば、文章をすばやく理解することができます。

主語・述語は小学校低学年で習うものだからやさしいと思われる方が多いのですが、苦手とする子は非常に多いのです。

理解がうやむやなまま進学塾に通い、中学受験国語のような難解な文章を読み解こうとしても伸び悩むので、４年生のうちは家で『国語 読解の特訓シリーズ』（１３６ページ参照）の問題集にとりくみ、文法の基礎を固めることをおすすめします。

基礎は簡単なもの、当然理解しているものと決めつけず、文法の学習を見直していきましょう。

文法がわかれば解ける

「文法」は家庭でトレーニングできる

主語・述語、修飾語などの文法の学習は、塾のカリキュラムには1学年でそれぞれ通常1回しか組み込まれていません。春、夏、冬の期間講習で再度学べるようにはなっていますが、それでもじっくり盤石な基礎となるまで指導はしません。

定着していようがいまいが、とにかく先に進んでいきます。理解が足りないと思っても、カリキュラム上、新しいことを次々に学習していかなくてはならないのです。塾の授業だけで理解できない場合は、家庭学習で理解を徹底させていく必要があります。

ところが、そのままにしてしまうことが多いため、わからないことが増えていく一方になりがち。そうなると、たとえば記述問題で「**この主語は、どの述語に対応していますか？**」と聞かれても、主語・述語が定着していない子にとってはちんぷんかんぷんです。

そこで、ご自宅で取り組んでもらいたいのが、主語、述語、修飾語、指示語、接続語の5つ。これらの文法を徹底させましょう。

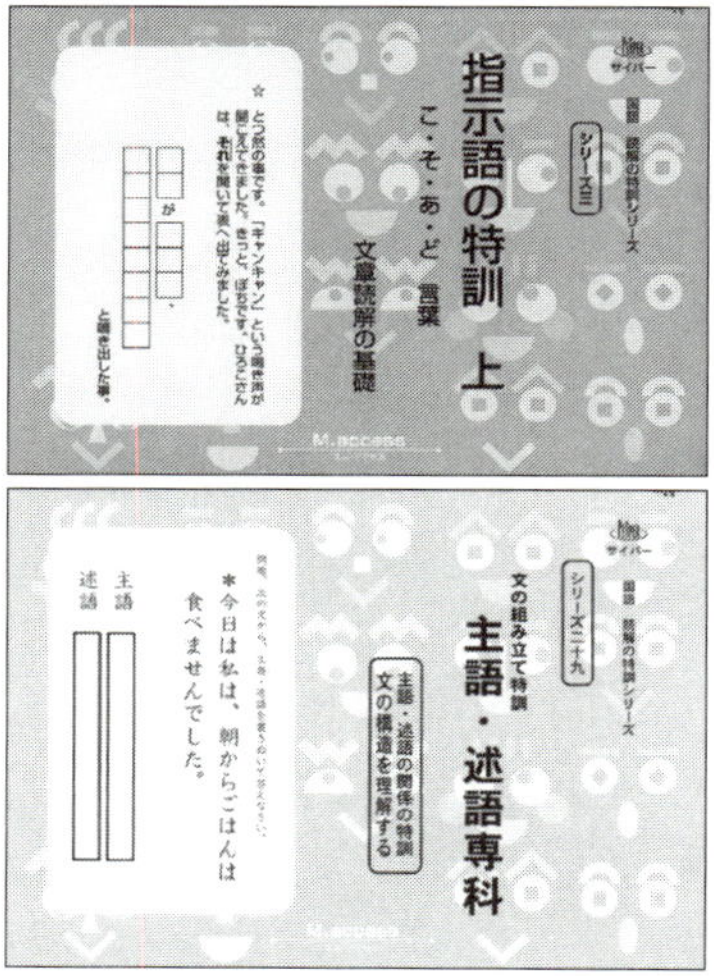

ひたすら解くことで、安定的な「文法力」が身につきます

これらを学習するには、『主語・述語専科』『指示語の特訓』（株式会社　認知工学）などの『国語 読解の特訓シリーズ』がおすすめです。指示語の上・下、主語・述語、接続語、修飾語など、シリーズ化されています。

塾の授業で理解できず、なかなか飲み込めないお子さんは、**塾のテキストにあるような問題数だけでは、圧倒的に練習量が足りません**。塾のテキストは問題数が少なく、それだけで言葉の働きを定着させるのは難しいのです。

定着させるには、言葉の働きを理解したうえで量をこなすことが必要です。ご家庭で、文法の土台を築きましょう。

選択肢問題を解く①

キズ探し
――「文の後半」からチェックしていく

文法の理解は解答のワザにもかかわってきます。

ワザと聞くとワザだけで解ける素晴らしいものに聞こえるかもしれませんが、文章が読みとれていてこそ、ワザが生きてきます。

しかし、選択肢問題は、文章が読みとれていれば選べるはずですが、そう簡単に選べるようにはできていません。

まずは、選択肢を見て、「なには、どうだ」と言っているのかに目を向けます。つまり、文の前半、後半で分けるのです。読点（、）があれば分けやすいですね。

なには……前半（主部）
どうだ……後半（述部）

日本語には、「文末決定性《ぶんまつけっていせい》」といって、文章の最後に文章を決める言葉がきます。「私は……悲しかった」というように、私はどうしたのか文末をみないとわからないのです。したがって、大事なことが後ろにきます。

では、次のような選択肢問題を一緒に考えてみましょう。

問　——線に「さとるは手をぎゅっとにぎったままうつむいた」とありますが、このときのさとるの気持ちはどのようなものですか。次の中からふさわしいものを一つ選んで記号で答えなさい。

ア　————、————、くやしい気持ち。
イ　————、————、怒りをこらえている。
ウ　————、————、情けない気持ち。
エ　————、————、後悔している。

選択肢を文頭から読んでいくと、先に述べた日本語の特性「文末決定性」により、結局最後まで読まないと、正誤の判断がつかなくなります。

そうすると、ア〜エすべて上から下まで目を通すことになり、必要以上に時間がかかってしまいます。また、前半部分の具体的な記述が本文とあっていたりすると、すべてが正解に見えてきてしまうのです。

では、効率的、かつ正答性を上げるためには、どのように解けばよいのでしょうか。

右の選択肢問題。真っ先に文末を確認しましょう。

この場面に当てはまらない心情にキズ（×）をつけていきます。

この文章を簡潔に説明します。

主人公のさとるは、足が遅く、運動会のリレーで抜かれました。そのことを、さとるの母の足が不自由なせいにされている、という「場面」です。自分が責められるのであれば我慢のしようもあるのに、母親のせいにされているのです。

すると、「ウ・情けない気持ち」と「エ・後悔している」の心情はつながらないので、選択肢の前半部分を読まなくても、すぐに外せます。残る「ア・悔しい気持ち」と「イ・

怒りをこらえている」は文末部分だけでは、正誤の判断がつきません。

ここで初めて前半部分に目をやり、残った選択肢の同じ部分どうしを比べて、不適合なほうにキズ（×）をつけて、正解を絞り込んで解いていきます。

このようにすれば、最速で、正解を出しやすくなります。

ところが、主部（主語）、述部（述語）などの文法理解ができていないと、選択肢を目ざとく部分的に分けて、比べて、効率的に選択肢を絞りこんでいくことができません。すべての選択肢の上から下まで何度も目を通し、迷い、最後はカンで選ぶことが多くなります。

主部・述部でうまく分けられないようであれば、読点（、）で選択肢を部分的に分けて、とにかく一部分でもキズがあったら外していってもいいでしょう。このとき、

「こんなこと本文に書いてないし！」

と**ツッコミを入れながらキズ（×）をつけていく**と選択肢問題がおもしろくなります。

声かけPOINT

「「こんなこと本文に書いてないし！」とツッコミを入れながらキズ探ししよう」

選択肢問題を解く②

キズ探し
――選択肢は、2つまで絞る

選択肢は、真っ先に正解と思われるものを探すのではありません。不適合なものから外していきます。選択肢の文を前半（主部）、後半（述部）など部分的に分け、後半からキズを探して絞りこんでいくと、通常、選択肢は2つ残ります。

2つに絞るまでは、明らかに本文中にはない部分が発見しやすく、判断しやすい。残った選択肢の中で「きわどいなあ」と思う選択肢があれば、本文に戻って考えます。

文章は読みとれていても、選択肢問題でいちいちすべてを読み比べてしまい、アからエを何度も行ったり来たりする子がいました。こうしているうちにペースダウンをして、いつも時間が足りなくなってしまいます。その子はあと2問で合格点に届いたのに……という非常に悔しい経験をしました。

もしお子さんが、選択肢アを見ながら本文に戻り、イを見ながら本文に戻り、すべてを読み比べ……を繰り返していたらこう声かけしてください。

「選択肢は、全部読んでいたら時間が足りなくなるよね」

「部分的に分けて、キズ探しをしていけば最速で解けるよね」

キズ探しを宝探しのように、

「今日は、キズ探し最速隊だよ！　さあ行くよ！」

と楽しい働きかけをしていけば子どもの心も頭も動きます。

また、お子さんの解答に×がついていたら、

「なぜこれを選んだのかな？」と振り返りを促していきましょう。

ただなんとなく「これかな……？」とカンで選択肢を選んでいるのだとしたら、そのトレーニングを重ねていても学習効果は期待できませんし、成長につながりません。

解答の根拠は本文のどこに書かれているのか。振り返りをして、選択肢を選ぶ技術に磨きをかけていきましょう。

声かけPOINT

「選択肢アからエまで全部読んでいたら、時間が足りなくなるよ」

学習の進めかたのコツ

「コピー1枚」が子どものやる気を引き出す

書店でテキストを買っても使わずにただ置いてあるだけ、というご家庭も多いようです。

それもそのはず。「さあ、やろう！」と子どもにまるごと1冊渡しても、子どものやる気はなかなか出ません。

そこで、**「今日やるページ」をコピーして、1枚手渡してみましょう。このひと手間、ひと工夫で、子どものテンションは俄然《がぜん》上がります。**

「今日はこれだけやればいいのだな」と終わりを見せる。薄いものを渡されると、気が軽くなり、厚いものを渡されると、気が重くなるものです。

塾の授業でも同じでした。「さぁ、今日は○ページを開いて！」とテキストを開かせようとしても、子どもたちは浮かぬ顔。「あぁ、今日もまた勉強か……」という子どもたちの心のため息が聞こえてきます。

何か工夫ができないかと知恵をしぼり、ある日、テキストをコピーして、1枚のプリントを配ってみたところ、驚くほどに子どもの目がきらきらと変わったのです。

親御さんは、

「えっ、コピー!? そこまでしてあげないといけませんか?」

と思うかもしれませんが、取り組むのはお子さんです。学習が進まないお子さんには、ぜひテキストをコピーして渡してあげましょう。全然ちがいますから。

また、プリントになると整理が面倒と感じる親御さんも多いのですが、伝票刺しのような針で刺してしておく文具を使ってはいかがでしょうか。

プリントが終わったら刺すだけ。まとまったらホチキスで閉じて、

「こんなにやったね! すごいね!」

と見せる。ぜひ試してみてください。

過去問を始める前につけておきたい力

自力で振り返る力

テストや宿題など問題を解けば必ず○×がつきますが、○×の間にもう1つ加えてください。

それは、「**×だったけれど、考えたらわかった問題**」です。それを△とします。

このように○×△、3分類する振り返りのしかたを、早いうちから育てていきましょう。

37ページで「振り返り」のしかたを紹介しましたが、自力で解説を読んで考えるクセが、いよいよ大詰めになる6年生の過去問の時期におおいに役立ってきます。

自分で解説を読んで、「考えればわかった」「これは解説読んでもダメだ」と自力で分析する力、自分の解答を客観的に見る力をつけておくことが大切です。

この振り返る力は、6年生の過去問に取り組む時期になって、いきなりつくものではあ

りません。日頃から意識してやっていきましょう。

客観的に自分の解答を見る力がないと、過去問を解きっぱなしにして点数だけつけて終わり、成長につなげていくことができず、合格をとりにいくことは難しくなります。

振り返る力が育っていないケースで多くみられるのは次のような子です。

たとえば、6年生の秋になっても、基本的な指示語の問題が解けず、「指示語の探し方は？」と聞くと、「う～ん……」と無言のまま手が止まってしまう。

あるいは、中学入試頻出であり何度も練習をしているはずの気持ちの読みとりでも、「気持ちの読みとりってどうするんだっけ？」と聞いても何も返ってこない。

答えが○か×かで終わらせていたら成長がありません。振り返ることで考え方を定着させていきましょう。

入試で満点をとる必要はありません。

7割が合格の目安とされていますので、**理解できない問題にとらわれるのではなく、で**

きそうな問題をできる問題にしていきましょう。

「なんでこんなのもわからないの！」

ではなく、

「どれならわかりそうかな？」

と声をかける。

まちがいはしたけれど、考えればわかった問題に意識を向けさせることが子どもの自信につながります。

声かけPOINT

「考えたらわかった問題はどれかな？」

Column

語句の学習法②

語句は例文とともに暗記しよう

慣用句、ことわざ、四字熟語、三字熟語、さらに、和語、外来語、対義語、同義語、同音異義語、同訓異字。

こうあげると、覚える語句がたくさんあり、どのように暗記していけばよいのか悩みのタネになりますが、覚え方には工夫があります。机の上で丸暗記していくのは大変です。それでは楽しくも実用的でもなく、なかなか覚えることはできません。覚えづらいものは、例文とともに覚えるようにしてください。

記憶に残るように、できるだけ具体的な状況がわかる例文を作りましょう。

受験勉強は子どもにとって、理解するまで時間がかかったり、理解してもすぐに忘れたり、なにかとつらいものです。だからこそ、できるだけ楽しく。

なんでもそうですが、楽しいと思えることはやるし、吸収のスピードは速いのです。しかめっ面で、プリントをブツブツと丸暗記するのは、やはり長続きしません。

ポイントは、「既知＝知っていること」に「未知＝知らないこと」を結びつけること。

覚えづらい語いも、自分がよく知っている具体的な状況に結びつけてしまえば頭にスーッと入ります。

たとえば、四字熟語の覚え方。例文作りの他に次のようなやり方もあります。

４年生までは、四字熟語の意味は二の次。

まずは、私が「異句？」と呼びかけ、「同音！」と子どもたちが応える。同じように、「絶体？」「絶命！」、「単刀？」「直入！」などと、音だけ覚えるのです。

そして、５年生になったら意味を覚えていきます。これも今お話しした、既知と未知を結びつけることです。

つまり、４年生のうちに親子で一緒に読んで「音」だけ頭に入れておく。これが既知。

５年生になったら、ここに意味、つまり未知をつなげていく。そうすると、定着が早いのです。

声かけPOINT

「面白い例文、作ってみて」

Column

語句の学習法③
敬語は「主語はだれ?」でわかる

敬語を苦手とする子どもは多くいます。

「今日は敬語を学習するよ」と言うと、子どもたちはいや〜な顔をします。

「どうして?」と聞くと、敬語は大人が使うもの、子どもである私たちには関係ない、使えない、難しいという苦手意識が働くようです。

こういうときは、それを逆手にとって、「それじゃあ、大人はなんて言ってる?」と、敬語も語句の覚え方と同じように、具体的な場面と結びつけて考えていくと理解しやすくなります。子どもは実感が伴うと、とてもよく理解します。

たとえば、授業で「**みんな、給食を食べるときになんて言う?**」と子どもたちに聞くと、「いただきます」と答えます。

「そうでしょ。**自分が給食を食べるとき、『めしあがります』なんて言わないよね**」と言うと、子どもたちは大笑い。すぐに敬語のイメージを理解します。

自分がする動作のときは、食べるという言葉が「いただく」という謙譲語になる。相手がする動作のときは、食べるという言葉が「めしあがる」という尊敬語になる。つまり、だれがしている動作かで敬語の使い分けを判断していくのです。

（例）言う
校長先生が、おっしゃる。（相手がしている動作→尊敬語）
私が、申し上げる。（自分がしている動作→謙譲語）

このように、敬語の問題を解くときには、主語をあきらかにすることがポイントです。

お子さんが、敬語を学習していたら、
「その動作をしている人はだれ？　だれがしている動作なの？」
と主語をあきらかにして、敬語の使い分けを導いてあげましょう。ここをしっかり飲み込むことで、敬語の理解が深まります。

声かけPOINT

「それ、だれがしている動作なのかな？」

第5章

「記述力」をつけるために
国語の成績を伸ばす
具体的方法

記述が苦手で、
記述の振り返りのしかたに悩んでいるご家庭が多くあります。
「塾に相談しても、
よく見ておきますと言われるだけで
終わってしまうんです……」
確かにこれでは、ご家庭で
どうすればいいのかわかりません。
しかし、塾の講師の立場から言わせてもらえば、

「うちの子、記述ができないのです」

と言われても、的確にアドバイスするのは、難しいのです。

漠然としている相談には、
漠然とした答えが返ってきがちです。

それならば、
漠然としていることを明確にしていけば
具体策が期待できるはず。

この章では、
記述ができない理由を
「具体的にあぶり出して」いきましょう。

「記述」ができない2つのパターン

「白紙解答」の子と「なにかしら書いている」子

「記述ができない」という悩みにもいろいろ種類があり、お子さんがどのタイプかで対策が変わります。

ご自分のお子さんの解答を見て、「白紙解答」なのか、「なにかしら書いている」のかをチェックしてください。

白紙解答の子

・面倒くさがりの子……159ページ
・口では言えるが書けない子……162ページ
・なにを書けばいいかわからない子……164ページ
・制限時間に終わらない子……166ページ

なにかしら書いている子▼

・「なぜ?」と聞かれて「○○○から」と答えられない子……168ページ
・問題の「条件」を読みとれていない子……170ページ

「白紙解答」の子が真っ先にすべきこと

解答用紙に何も書かず、いつも真っ白というお子さん。

白紙解答ですね。

このような場合は、まずは模範解答を書き写しましょう。

「写すだけで勉強になるの?」

と思われるかもしれませんが、**日本語の正しいルールをマネすることから始めることで、書くうえでのルールを知り、整った文が身についてきます。**

記述ですから、書くという行動ができるかどうかで変わってきます。

大人でも、「ああ、何もしたくないな。今日はごろごろしちゃおうかな。でも、できることからやろう」と洗濯などをしているうちに気分が乗ってきて自然にやる気が出てくることはありませんか。

まずは行動を変える。
その行動が意識を変えていきます。

この小さな積み重ねを、お子さんが学習のなかで続けていくことが大事です。
次に、白紙解答の原因をみつけましょう。
原因をみつけてこそ対策が打てる。なぜお子さんは白紙解答なのでしょうか。
続く4つの原因のなかで、お子さんがどれに当てはまるかを考えてみましょう。

白紙解答の理由①

面倒くさがりの子には「字数制限を取り払う」

記述となると、反射的に「えっ、書けない！」という子がいます。

記述と聞いただけで「面倒くさい」が先立つ子です。

このような場合には、まず字数指定を取り払ってあげてください。

「いいよ、字数は気にしないで、何字でもいいよ。まずは書いてごらん」

と促しましょう。

まずは、「書く馬力」を育てることが大事。

そして、書くことができて初めて、過不足を補うという次のステップにいけるようになるのです。

たとえば、字数指定よりも多くなってしまった場合は、具体例を入れていないか、問いの条件にない不必要な情報を入れていないかなど、自分の解答をしっかりと分析することができます。

また、字数が不足している場合は、解答に入れるべき内容の不足要素の確認や肉づけのしかたなどを学んでいくことができます。

このように、まずなにか書くことが記述の第一歩。とにかく書いてもらわないことには始まらないのです。

子どものなかには、記述に対して苦手意識を持っている子が多くいます。「記述」とくれば「書けない」が呼応しているかのようです。

では、本当にお子さんは書けないのでしょうか。

子どもは書くことが本来は嫌いではないのです。それなのに苦手意識が先行してしまうのは残念なこと。

正しいことを書かせようと縛ったり、助詞の使い方など細かいところを注意しすぎたりすると、子どもは記述が嫌いになります。

3年生、4年生のうちは楽しみながら「書く馬力」をつけることが肝心です。そのためにも、子どもに思うように書かせ、そして認める。

この根っこを育てていくと、驚くほどに子どもたちはすっと記述に入り、いくらでも書きたがり、馬力ある見事な答案を作るようになります。

字数指定や志望校に合わせて内容を整えていくのは、そのあとでも十分間に合います。

声かけPOINT

「字数を気にしなくていいから、書いてごらん」

白紙解答の理由②

口では言えるが書けない子には「文の型」を

口では答えられるけれど書くことができず、解答用紙は真っ白という子がいます。答えがまちがっているわけではないけれど書けない。「書け」と言っても書けないのですから、その場合は箇条書きにさせてください。

「何か、もごもご言ってるみたいだね。ちょっと書いてごらん」

と促して、箇条書きにさせる。

「じゃあ、それをつなげて文にしてごらん」

とステップを踏んでいきます。

この解答となる要素を箇条書きにしてみるのは、記述のよい練習になります。

頭のなかで瞬時に文の組み立てができればよいのですが、そこまですぐに到達するのは難しいもの。解答用紙に何度も書いたり消したりを繰り返さないよう「設計図」を作ってから、解答欄には一気に書く練習をしましょう。

「設計図」は下書きではありません。何を書くのか、どの順番で書くのかなど、線や矢印でつないだり□で囲ったり。解答となる要素をメモ書きで準備します。

箇条書きはできても、それをつなげて文にできない子には、「文の型」が役立ちます。

では、「文の型」とはどのようなものでしょうか。

例として、このような問題があったとします。

問題 「夢」と「目標」という言葉には、どのようなちがいがありますか。

「夢」と「目標」のちがいを記述すればよいのですが、このとき、「夢は〇〇だが、目標は△△だ」と比べる「文の型」が思い浮かべば書きやすいですよね。

「Aは〇〇だが、Bは△△だ」、これが文の型です。

箇条書きまではできても、そこから先に進めない場合には、塾の先生に記述内容に従った「文の型」をもらうなど、アドバイスを求めるとよいでしょう。

声かけPOINT

「まず箇条書きにして、それをつなげてみよう」

白紙解答の理由③

なにを書けばいいかわからない子には「読みとる練習」

記述が書けない理由として圧倒的に多いのが、「なにを書いたらいいのかさっぱりわからない」というケースです。このような場合は、記述の問題ではなく、そもそも文章が読みとれていないのです。

「記述が書けない」と悩まれるのですが、その前に読みとりの学習をしましょう。文章が読みとれてこそ、初めて書けるようになります。読みとれないのに、書けるはずがありません。

まずは読みとる練習をして、記述はそのあと、という順番になります。

例として、次のような問題があったとします。

問題 この文章にある「心を開くことの重要性」の説明を踏まえて、あなたの「体験」と、それによって考えたことを書きなさい。

あなたの「体験」とそれによって考えたことを書くことが求められている問題ですが、「この文章にある心を開くことの重要性の説明を踏まえて」と設問の条件にあるので、文章を読みとれていなければなりません。

読みとったうえで、自分の体験とそれによって考えたことを書かなければいけないのです。まずは、文章を読みとれるようになることが肝心です。前の章を読み返して実践してください。

声かけPOINT

「本文に、どんなことが書いてあったかな?」

白紙解答の理由④

「制限時間に終わらない子」には、理解を優先

記述が書けない理由として、「そもそも文章を読みとれていない」子と並んで、「制限時間に終わらない」子が多くいます。

記述問題は、テスト問題の途中にあったり、最後にあったりしますが、子どもたちの解答用紙を見てみると、後に出てくる記述問題ほど未解答の場合が多く見られます。

私が担当していた5年生のクラスで、最後の記述問題がほぼ全員白紙だったことがありました。本文を見てみると、これまでにない長文が出題されていました。時間が足りなかったことは容易に想像できます。

「この文章、長かったね。最後の記述問題、だれもが手をつけていないということは、時間が足りなかったのかな?」

と聞くと、みな縦にぶんぶん首を振ります。やはり、あまりにも長文だったため本文を

読むのに時間がかかり、制限時間内に全て取り組めなかったのです。**「ぼくはスピードがないから」と答える子もいるのですが、大事なことは、そこで終わりにしないこと**。

時間があっても解けない問題は、時間がないなかで解けるはずがありません。そこで、「スピードは気にしなくていいから、時間があったら解けたのかどうか確認することが大事だよ」

と伝えます。

時間制限のことばかりに気がとられがちですが、「時間がないからできなかった」でおしまいにせず、「時間があったら解けたかな?」と時間制限を取り払い、理解しているかどうか。しっかり確認していきましょう。

声かけPOINT

「スピードは気にしなくていいから、解いてみようか」

△や×がついてしまう理由①

「なぜ？」と聞かれて「○○○から」と答えられない子

では、ここからは何かしら書いているものの、△や×がついてしまうケースをお話しします。

物語文や説明文の文章じたいは読みとれているものの、設問の理解が甘い子がいます。なにを問われているのか。理由を求められているのか、具体的なことを聞かれているのかなど、設問で求められていることを明確にしましょう。

たとえば、「なぜですか」のように、理由が問われている場合では、文末は「○○○から」で答えるのが鉄則です。

ところが、理由を聞かれているにもかかわらず、文末に「○○○から」とつけられない子がいるのです。当然、減点になります。

あるいは、「どういうことですか」と聞かれたら、「○○○こと」で終わるのが鉄則ですが、そう書かない子がいます。

そんなことができないの？　と驚かれるかもしれませんが、意外と身についていない子どもが多いのです。

しかし、子どもたちは普段の会話で「なぜ？」と聞かれたら、「○○から」と、ごくあたりまえにしゃべっています。

たとえば「なぜ学校を休んだの？」「風邪をひいたから」というように。

ところが、**記述となると身構えてしまって、あたりまえのことができなくなってしまうのです**。そこで、親御さんはいつもの会話と同じだということを意識させましょう。

「理由を聞かれたら、○○からで答えているよね」と。

こうした問いに正しく答える意識を徹底していきましょう。

声かけPOINT

「なぜ？　と聞かれたら、文末は何で終わるの？」

△や×がついてしまう理由②

問題の「条件」が読みとれていない子

文章は読みとれていても、設問の条件に過不足なく答えていない場合があります。何を問われているのか、理由を求められているのか、具体的なことを聞かれているのかなど、**求められている条件を正確に把握しないまま解答すると、△や×になります**。

２０２０年度の大学入試制度改革により中学入試でも記述問題が今後さらに増えてくるかと思います。

「あなたの考えを書きなさい」とあったとき、ただ自由に書いた記述は、減点になってしまいます。そもそも評価が難しいため、記述問題にはほとんどの場合「条件」が設けられています。したがって、問題の「条件」に過不足なく答えられているかどうかが重要になってきます。

たとえば、芝浦工業大学附属中学校では、２０１７年に今までになかった次のような記述問題が出てきました。

問七　――線⑥「詠子は、とてもおばあちゃんを責めることができなかった」とあるが、もしあなたが詠子だったとしたら、このときおばあちゃんにどのような言葉をかけますか。次の条件に従って答えなさい。

A　詠子になりきって書くこと。

B　本文の内容をふまえて書くこと。

C　八十字以上、百二十字以内で書くこと。ただし、出だしの一マスは空けないで書くこと。

（２０１７年　芝浦工業大学附属中学校（第１回））

このような問いに対して、好き勝手に書くと誤りになります。条件Bに「本文の内容をふまえて書くこと」とあります。そのためにはまず本文の内容が読みとれていることが求められます。もちろん他の条件も重要。設問や傍線部を分析するクセをつけましょう。

声かけPOINT

「書く前に、もう一度条件を確認しよう」

確実に10点アップできる！

「記述チェックシート」を使おう！

記述チェックシートの使い方

①用紙の□にチェックを入れて問いの条件を確認する。
②解答に必要な要素、キーワードなどを箇条書きにして設計図をつくる。（下書きではない、線を矢印でつなぐ、□で囲むなどでもよい。解答となる要素をメモして解答のイメージを組み立てる）
③書く。
④模範解答と比べる。

書いていても、書くべき要素が欠けている場合は、部分点となります。そのほか、誤字や文末表現、条件が守られていない場合は減点となります。

こうした配点は、テストごとにどう定められているか確かめる必要があります。しかし、毎回細かな配点を確かめるのは現実的ではないと思いますので、おおよその配点を自分で決めましょう。

たとえば、満点が10点の場合、必要要素が2つであれば各5点、文末表現が不適切であればマイナス1点ないし2点、誤字はマイナス1点というように、**おおよその配点ルールをつくり、セルフチェックできるようにしましょう**。

再記述するとき確認すること

解答欄に書くには書いたけれど減点、または×だった場合は、再記述する前に、まずは自分の考えた筋道を思い出しましょう（P37振り返りステップ参照）。

なんの根拠もなく、「これで違うなら、じゃあこっちかな？」とやみくもに解き直しを始めないこと。再記述したら、模範解答と比べてセルフチェックしていきます。

たとえば「模範解答にはこれが入っていたけれど、ぼくにはなかったなあ」と、2つの要素が必要なのに1つしか入っていなかった場合、解答となる要素が本文のどこにあるのか探し出して確認します。

そして、欠けてしまった理由や気づいたことを明確にして次につなげていきます。

記述チェックシート

□何が問われているのかな？
□本文のどこを使って書くのかな？　手がかりに線を引こう。

設計図 準備しよう！

キーワード・要点など、必要なことを書く。

記述 書いてみよう！

100 80 60 40 20

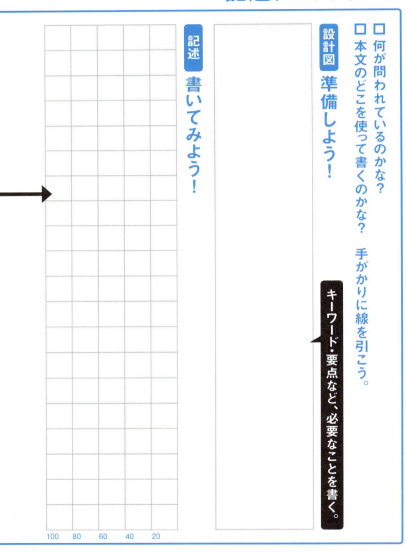

※コピーして何度も使ってね！

模範解答

くらべよう！

自分が書いた記述と模範解答をくらべる。

記述のなかに必要な要素が入っているかな？

100 80 60 40 20

足りないところや、書きすぎたところなど、解説を読んで考え方を確認しよう！

気づいたこと

この問題で何を学んだかな？

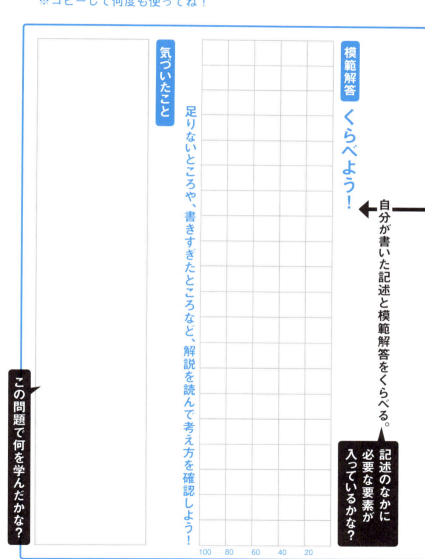

では、このチェックシートをどのように使うのでしょうか。ある中学で出題された記述問題を見ながら、小学6年生のお子さんに実際に書き込んでもらいました。

問 次の文章を読んで、後の問いに答えなさい

今の時代、哲学はこれまで以上に多くの人から必要とされている。僕はそう考えている。

というのも、現代社会では、だれもが多かれ少なかれ、自分のことに思い悩んだり、また社会の問題を考えたりしているからだ。

哲学は、そのためのとても役立つ思考の地図になる。だから、僕は哲学をもっともっと一般の人たちに〝アクセス可能〟なものにしていきたい。哲学はやっぱり、ちょっと不当なまでにむずかしすぎる。この難解さから、僕は哲学を解き放ちたい。

（中略）

なぜ、哲学はこれほどまでにむずかしくなってしまったんだろう？

僕の考えでは、その理由は大きく二つある。

一つは、哲学が提示する原理は、言われてみれば究極の当たり前なんだけど、でも同時に、言われるまではだれも思いつかなかったような考えでもあるからだ。たとえば、ルソーは現代の民主主義の基礎を作った人だけど、だれもが対等に自由な存在である、なんて思想、当時の多くの人たちにとっては、ほとんど考えたことさえないようなものだった。王がいて、身分があって、不平等があって、というのは、ごくごく自然なことだと考えられていた。

でもルソーは、むしろそれこそが「不自然」なことだと訴えた。そしてそのことを伝えるため、彼は、それまでになかった新しい言葉を作り出さなければならなかったのだ。

ルソーの有名な言葉に、「一般意志」というのがある。これは、王や最強者の意志こそが正当な統治ルールである、と考えられていたのをくつがえし、すべての人の意志が反映され、相互に承認されない限り、政府や法は正当とは言えない、ということを言い表したものだ。

でも、これはそれまでほとんどだれも考えたことのないアイデアだったから、ルソー自身けっこう複雑な言い方をしてしまっていて、そのために、「一般意志」はいまだに大きな誤解にさらされている。たとえば、それはすべての人の意志を統一する、全体主義の思想である、といった具合に。

ともあれ、哲学が難解な理由の一つは、こんなふうに、新しい言葉や物の見方を次々と作らざるを得なかったという点にある。

二つめの理由は、哲学や学問をする人たちが、かつては人口のほんの数パーセントしかいなかったということ。だから当時の哲学者たちは、ある意味では、ごくごく少数の人にだけ伝わる文章を書けばよかった。多くの大衆はそもそも読み書きもできなかったから、彼らに向けて言葉を紡《つむ》ぐ必要なんてなかったのだ。

その結果、哲学の言葉は、どんどんと、専門家の間だけで通用するものになってしまった。それはある意味では洗練のプロセスだったとも言えるのだけど、その分、専門家以外の人たちからしてみれば、いったい何を考えているのかよく分からないものになってしまった。哲学なんて、どうせ役に立たないことをぐちゃぐちゃだらだらと考えているだけでしょ、と、世間一般に思われてしまっているのもその意味では仕方のないことなのだ。

（中略）

かつては、自分の問題や社会の問題を真剣に考える人は、そう多くはなかった。どんな人生を生きていこう、なんて考える余裕はあんまりなかったし、そもそも身分社会の中では、生き方は生まれた時からある程度決定されていた。農民の子は農民、職人の子は職人。だから、自分は将来何になりたいかなんて、今ほど考える人はいなかったし、社会問題がどうとか国際問題がどうとか、真剣に考える人だって多くはなかった。

でも今は違う。今ではほとんどの人が、自分の生き方や社会のあり方について、多かれ少なかれ考えている。それぞれの行き当たった問題を、どう解けばいいか分からずに苦しんだりすることもある。

だから、僕は今こそ、哲学の英知を多くの人たちの共有財産にしたいと思う。哲学こそが、自分の生き方や社会のあり方などの問題を、何千年にもわたって考え抜いてきたものなのだから。

もちろん、〝新しいこと〟を考える以上、哲学はどうしたってある程度のむずかしさを避けられない。でも、それでもなお、現代の哲学者は、閉じられた専門家集団の中だけで通じる言葉じゃなくて、もっともっと、一般の人たちにアクセス可能な言葉を紡いでいく必要がある。僕はそう考えている。

（苫野一徳『子どもの頃から哲学者』）

問題　傍線部「なぜ、哲学はこれほどまでにむずかしくなってしまったんだろう？」とありますが、その理由を60字以内で答えなさい。

本文の話題は、「哲学」について。哲学は子どもにとってなじみがなく、実際の入試問題に出題された文章の一部なので難しかったかもしれませんが、問いに対する答えを探しながら読めたでしょうか。

この問題のポイントは、「理由」が整理して書かれているところを手がかりにすること。「哲学が難解な理由の一つは～。」の部分と「二つめの理由は～。」に続く文脈をたどり、その結果が書かれている部分が、解答となる要素になります。

解答に必要な2つの要素を入れることはできましたか。

不足、または不要部分が入っていたら、本文にもどり、解答の手がかりとなる部分を確認しましょう。

設計図→記述→模範解答→気づいたこと、と順に自分の手を動かしていくうちに、記述の「運動神経」が養われていきます。

こうした振り返りをしてこそ、記述ができるようになっていきます。

記述チェックシート

□何が問われているのかな？
□本文のどこを使って書くのかな？　手がかりに線を引こう。

設計図 準備しよう！

（理由）～から＝～通用するものになってしまった

キーワード・要点など、必要なことを書く。

記述 書いてみよう！

哲学はどんどん専門家のなかだけで通用するものになってしまったから。

100　80　60　40　20

記述チェックシート

□何が問われているのかな？
□本文のどこを使って書くのかな？　手がかりに線を引こう。

設計図 準備しよう！

理由〜〜通用するものになってしまった
から

キーワード・要点など、必要なことを書く。

メモ書きでうまく準備ができたね！

②

記述 書いてみよう！

哲学はどんどん専門家のなかだけで通用するものになってしまったから。

100　80　60　40　20

次に分析しよう！

ふたつの要素のうち、②の要素は書けてたね！

模範解答

①新しい言葉や物の見方を次々と作らざるを得なかったり、②哲学が専門家の間だけで通用するものになったりしたから。

100 80 60 40 20

くらべよう！

比べてみて、足りない要素が見つけられているね。

← 自分が書いた記述と模範解答をくらべる。

記述のなかに必要な要素が入っているかな？

足りないところや、書きすぎたところなど、解説を読んで考え方を確認しよう！

気づいたこと

理由の一つは、二人なふうにて整理してかいてあるところに目を向ける
二つめの理由は、

不足している要素を見つける手がかりが確認できているね。

この問題で何を学んだかな？

Column

過去問を生かすコツ①

「傾向」を意識させる

大多数の受験生は、6年生の9月頃から国語の過去問に取り組み始めますが、合格点に届く子、もう一歩の子など、現実がじわっと近づいてきます。

志望校の点数が子どもにとっては大問題。しかし、過去問を解いて、マルつけをして、点数を見るだけで終わるのでは、過去問に取り組む意味がありません。

6年生の9月初めに私は「これから過去問を始めるのだけど、その目的ってなんだと思う？」と聞きます。すると、子どもから真っ先に「合格点をとるため！」と返ってきます。子どもは点数のことで頭がいっぱいです。

「そうだよね。合格するためだね。そのためには点数が気になるよね。でも点数よりもっと大事なことがあるよ」と話します。

それは、志望校の「傾向」です。

過去問は「点数」よりも「傾向」をつかむことが重要なのです。

過去問で合格点がとれても、入試で合格点がとれる保証はありませんし、過去問で合格点がとれなくても入試で合格点がとれることもあります。点数とはそういうものです。

したがって、**過去問の点数に一喜一憂することはありません。浮かれても落ち込んでもいけません**。

過去問の目的は、志望校の傾向を自分でつかむこと。その意識を徹底しましょう。

子どもは、点数にとても敏感です。合格点に届かない過去問を提出したがりません。現実を突きつけられるのが怖いのだと思います。

だからこそ、過去問を始める前に、その目的をよく話してあげる必要があります。

「点数は気にしなくていいよ。それよりも傾向が大事だよ。傾向がつかめれば、対策も立てられるからね」

と声をかけるだけで、子どもはほっとした表情を浮かべます。その軸さえしっかり持たせていれば、点数にくじけることなく過去問を進めていけます。点数で落ち込んだ場合は、過去問の目的を再確認して気持ちを立て直していきましょう。大丈夫です。

声かけPOINT

「過去問をする目的は、なにかな？」

Column

過去問を生かすコツ②
○×の間にある△を探す

過去問を解き終えて、マルつけをします。そうすると○と×がつきます。ここで重要なのが、×にも2種類あるということです。

もう少し考えればわかりそう、解説を読んだらわかるかも、解説を読んだらわかった、といった△問題に目を向けていきましょう。

このように、マルつけには、○×だけではなく、△も入れることがポイントです。

私が子どもの過去問を見るときは、点数がとれそうなところ、つまり△問題を誤答のなかから探して点数を積み上げて、合格点にもっていきます。それを見せると、とたんに子どもの顔はパッと明るくなります。

先にも書きましたが、通常、過去問の合格点は、およそ7割。子どもが過去問に取り組んで合格点に満たない場合は、100点満点中45点ぐらいのケースが多く、あと25点足りません。

1問4～5点と仮定すると、あと5～6問マルになればよいことになります。したがって、まちがえた問題の中から5問ぐらい考えればわかりそうな△問題を、自分で解説を読んで分析することが大切です。

×のなかにも、どう考えてもわからない×と、考えればわかる△があることを意識しましょう。

○や×をつけて終わりにしないことが子どもの成長につながるのですが、○×までで過去問の取り組みを終わりにしてしまう子どもが非常に多くいます。解きっぱなしでは取り組む意味がありません。

○と×をつけて過去問を先生に提出し、返却を待つ。先生の次の授業は1週間後、忙しければ過去問の戻りは2週間後です。それをただただ待ち、先生から返ってくるころには内容を忘れてしまっている。

このような取り組み方にならないように、自分で△を探す。それが得点につながれば、自己ベストが出せるのです。「振り返り」のしかたについて述べた37ページも参照ください。

私はいつも子どもたちにこう伝えています。

「過去問を解くよりも、解いてまちがえたところの解説を読んで振り返りするほうがつらいよ。でもそこが辛抱のしどころだよ。それがつらいと感じたら伸びている証拠だからね」

このような意識が育っていない場合、合格点に達していない子は、得点源を探そうとせずに、点数を見て落ち込むだけで終わってしまいます。

過去問の振り返りは、かなり時間がかかるものだと心得てください。

子どもにとっては、過去問を解く時間も大変ですが、振り返る時間も大変です。

誤答がたくさんあり、振り返りの時間が解く時間の2倍も3倍もかかることがありますが、そこがふんばりどころです。

つらい時間ではありますが、それをすることで力がついていきます。過去問に取り組む目的を明確にして、量より質を大事にしていきましょう。

声かけPOINT

「△問題を探せば、自己ベストが出せるよ！」

第6章

受験に必要な「速さ」とは

読むスピードを上げる方法

模試や単元テストなどで、
長文が出題され、
時間が足りなくなって、
最後までたどりつけないケースがよくあります。

「もう少しスピードを上げられない？」
と子どもに聞くと、
「スピードを上げると間違えちゃう」
と答えます。

逆に、じっくりやれば、今度は時間が足りなくなる、と。

こうして「スピードに泣く子」が少なくありません。

ひと口に読解のスピードといっても、
読むスピード、解くスピードがあります。
制限時間に終わらないのは読むのが遅いだけでなく、
解くのが遅いこともありますが、
この章では、
読むスピードに重点を置いて
お話ししていきます。

スピードを上げる①

精読と通読
――両輪で学習していく

文章の読み方には、精読と通読があります。読んで字のごとく、精読は詳しく読むことで、通読は全体をひと通り読み通すことです。

このうち、入試では一気に読み通す力、つまり通読が求められます。

精読は、第2章と第3章で述べた「読み方」（物語であれば「場面」を意識して読む、説明文であれば「話題」と「意見」を意識して読むなど）を獲得すると、話の展開が予測できるようになるため、スピードがついてきます。

したがって、精読を身につけたうえで演習を重ねれば、速読ができるようになります。ただ問題は、精読が身につくのを待っていると入試に間に合わなくなってしまうことです。

精読のしかたを一生懸命繰り返し学習し、6年生の秋から過去問演習に入っても、結局、スピードに泣き合格点に届かなかった子をたくさん見てきました。

そこで、文章の読み方（精読）を塾で学習する一方で、ご家庭では通読の練習をしていくのがベストだと考えています。

精読と通読の両輪でやっていきましょう。

通読の力をつけるためには、音読をして「読み通す馬力」をつける。

この馬力がついてくると、模試のような長い文章にも対応できるようになります。

過去問に取り組み始める6年生の9月。そこから1月入試までの4か月間で、入試を見据えて過去問演習を本格的にしていくうちに、精読が実を結び、スピードがつけばよいのですが、そう簡単にスピードは身につくものではありません。

手遅れにならないように、テストで時間が足りなくなるお子さんは、通読の練習を始めて長文を読み通す力をつけていきましょう。

スピードを上げる②

わからないものを、わからないまま読み通す

通読の練習をするには、まずは、手持ちの模試や塾のテキストなどの国語の文章を使います。目の前にある文章が読めないのに、他の文章が読めるようにはなりませんから、手元にあるものでかまいません。音読してみてください。

このとき、すらすら読めることが大事。

内容が頭に入ってこなかったとしても、どんどん読み通してください。

入試では、頭に入ってこない一文を何度も繰り返し読んでそこで立ち止まったり、文章全体を2回読んだりする時間はありません。わからないところにいちいちつっかかるのではなく、わからないものもわからないままに読み通す力が必要なのです。

手元にある文章がすらすらと通読できるようになったら、5年生からは、入試問題の長文に取り組みましょう。

その練習には、『**中学入学試験問題集**』（みくに出版）がおすすめです。

かなり分厚いですが、多くの学校の問題に出会えます。

この問題集には、標準校から最難関校までのさまざまな入試問題が載っています。

実際の入試問題ですから、長文に読み慣れ、最後まで読み通すよいトレーニングができます。

この中の、**標準校の問題から音読していってください。いきなり最難関校から始めないようにしましょう。**

音読したら、お子さんの好きな付せんをつけていくと、努力のあとが目でわかり、自信につながっていきます。

子どもにとってもっとも酷《コク》なのは、長文を読むトレーニングをしていないのに、模試ではやたらと長い文章が出され、低い評価をつけて返されることです。練習をしていないのに、いきなりホームランを打ってこいといわれても、誰が打てるでしょう。

読むのが遅い子は、本文を読むだけでテスト時間が終わってしまいます。

スピードを上げる③

つっかえる子には「一文リード読み」

音読をすると、驚くほどつっかえながら読む子もいます。

このような場合には、「一文リード」読みがおすすめです。**親御さんがまず一文を読み、次にお子さんが読むというように、一文ずつ交互に読み進めていきましょう**。音で耳に入れてから読むと、スムーズに読めるようになります。

「そこまで親がつきあわないといけませんか」

と言う方もいますが、放っておいても読めるようになりません。お子さんは塾で難解な文章と向き合っているのですから、ぜひつきあってほしいと思います。

リードして読むときに、わざとスローテンポで読んでみたり、早口で読んでみたりすると、子どもはケタケタと笑い、楽しく取り組めます。「じゃあ、どのぐらいの速さがいい？」と聞いてみてもよいでしょう。お子さんの耳がぐっと傾きます。

感心するぐらいよく読みとれているのに、テスト結果はいつも芳しくない子がいました。なぜだろうと思い、文章を音読させてみたら、驚くほどにつっかえながら読むではありませんか。これでは読解どころではありません。

じっくり時間をかけて精読することはできても、通読ができないために、テストでは読むだけで時間がとられ、点数に結びついてこなかったのです。

実際の入試問題の中には、あまりにも難解な文章を出題してくる学校があります。12歳の子どもに、このような文章をぶつける意図を問いたくなるような問題です。

そんな過去問を家で解き、１００点満点中42点がついた答案をがっくりした顔で塾に持ってきた子がいました。「これ、最後まで読めた？」と聞くと、「ううん」と横に首を振る。途中でくじけて読むのを止めてしまったそうです。「しかたないよ。これは気にしなくていい」と励ましたのですが。

文章はやたらと難しいのに、設問が簡単、という組み合わせもあります。

どんな文章が出てきても、あきらめずに読み通すことが肝心です。学校はどんな力を試しているのでしょうか。粘り強さをもつ子を見極めようとしているのかもしれません。

わからなくても、集中力を切らさず、最後まで読み通す「馬力」をつける。

先に述べた通読の必要性が、ここでもおわかりいただけたのではないでしょうか。

スピードを上げる④

音読は「週に3題」のペースでいい

では、どのくらいの頻度で音読したらいいのでしょうか。

理想は365日、毎日です。それができるお子さんは読んでください。

でも、想像してみてください。お子さんは昼間学校へ行き、学校のあれこれをこなし、そして、夜は塾へ行き、帰宅して家庭学習。

塾では、国語だけでなく他の科目も学んでいます。スケジュールはパンパンです。そのなかで、毎日音読の練習が欠かさずできるでしょうか。

それは現実的ではないと思います。しかし、週に1題では読まないも同じになってしまいます。

ぜひ、週に3題を目指してください。

3題というのは3校分という意味ではありませんので、ご注意ください。

たとえば、A中学校の入試問題。今日は、○年度の物語文1題、明後日は同じ○年度のA中学校の説明文1題、というように、週3題を音読しましょう。

問題は解かなくてもかまいません。

1日に3題読んで、あとの6日間は何もしないのは効果的ではないので、1日置きぐらいのペースを作って進めていきましょう。

うまくいくようであれば増やしていき、週によっては2題になってしまう週もあるかもしれませんが、止めないこと。

継続することが大事です。

塾の授業で6年生になると、先生が演習のために先ほど紹介した『中学入学試験問題集』（みくに出版）の中から入試問題を選んで使う場合があります。

ご家庭で読むときは、なるべく年度の古いものを入手しましょう。

過去問をするときに、すでに読んだことがある文章だと、正確な得点がつかめなくなるのを避けるためです。

スピードを上げる⑤

「音読」のもう1つのメリット

音読をすると文章に読み慣れ速度を上げることができる以外に、メリットがもう1つあります。

それは、**音読をすることで、語いを増やせる点です**。

皆さんは、辞書を引くことで身につけた言葉がどのくらいありますか。

改めて考えてみると、意外と少ないのではないでしょうか。

新聞を読むために、知らない言葉をすべて辞書で引いた記憶はないと思います。気づいたらいつの間にか新聞が読めるようになっていましたよね。

このように、身についた言葉というのは、ふだんの会話やニュースなどで耳から入ってきたり、本や雑誌などで読んだり目にふれたりすることで、自然に蓄積されてきたものが多いのです。「わからない言葉が出てきたら辞書を引け」と言われますが、子どもが辞書を引いて意味だけを確かめても使い方がわからなければ、本当の意味で理解したことにはなりません。

特に、普遍、必然、偏見、相対などの抽象的な言葉は、辞書で意味を確かめたところで、子どもはよく理解できません。

しかし、未知の言葉は音読をして文脈の中で、「この言葉、こういうふうに使われるんだ」と学べば理解しやすくなり、「あ、この言葉、あの文章でも使われていたなあ」と文脈とともに知識を広げていくことができます。

文章中に出てくる知らない熟語は、目で追うだけでは素通りしてしまいます。読めない言葉は身についていきません。

しかし、**声に出し、耳で聞いた言葉は、記憶に残りやすくなり、すらすらと口から出てくるようになります**。普段は使わない語いも、音読で効果的に獲得できるのです。

Column

語句の学習法④
学習マンガで「語句博士」になれる

塾講師をしていると、クラスにひとりは「語句博士」のような子がいることに気づきます。読解は得意でなかったとしても、語句の問題は非常によくできる。

こういう子にはいつも、「どういう勉強をしているの？」と聞いてきましたが、例外なく同じ学習法をとっていました。

それは、**小さい頃から学習マンガを読んでいるのです。夢中になって読みながら、どんどん語句を増やしていったのでしょう**。

「この子は親御さんに楽しく学ばせてもらったのだなぁ」

と思います。子どもに限らず大人もそうですが、楽しいことはやりますし、長続きします。ぜひ学習マンガを活用してください。

私のおすすめの学習マンガは『ちびまる子ちゃんの満点ゲットシリーズ』（集英社）です。使用場面が具体的にマンガで描かれていて、わかりやすく頭に入りやすいので「ちび

「満点ゲットシリーズ」はさまざまなジャンルの本があります。お子さんの気になる分野を補強する意味でも、おすすめです。

まる子ちゃん」をあげましたが、どんなマンガシリーズを選んでもいいと思います。

読むのはお子さんですので、お子さんと書店に行って見てみてください。

「クレヨンしんちゃんがいい」となればクレヨンしんちゃん、「ドラえもんがいい」となればドラえもんの学習マンガを選びましょう。

有名キャラクターのマンガでなくてもいろいろな学習マンガがあるので、お子さんが好むものを購入されるといいと思います。

ぜひ、お子さんに合った学習マンガで、楽しく学んでいってください。

おわりに——中学受験の先にあるもの

コップから水が溢れて、そこではしゃばしゃもがいている——。そんな息子の幼い姿を思い出します。それでも私は中学受験をさせたくて、そんな息子を引きずるように前のめりに進んでいました。勉強は、苦しくて当然。そういうものと疑いさえしませんでした。

その後、講師の世界に飛び込み、そこで手法を学び、経験を積んでいくなかで学んだのは、大人の働きかけ次第で、子どもの目が輝く瞬間があるということ。勉強は楽しくできるものだということです。

中学受験とは過酷なもので、第1志望に合格できるのは、全体のほんの3割と言われる世界です。7割は不本意な進学をしていきます。確率からすれば、7割に入る可能性が高いのです。そこで、皆さんに考えていただきたいことがあります。

中学受験を通してお子さんに何が残せるのか、何を残したいのか。その答えは簡単に出ないと思います。答えが見つからないままに受験に突入していくご家庭もあると思います。しかし、考え続けることが、お子さんに寄り添うことにつながります。

子どもは、かけがえのない大切な宝です。子どもを悪くしようと思って、中学受験を選択しているご家庭はひとつもありません。お子さんの将来を思うからこそです。

そんな大切な思いを、苦しいだけ、悩ましいだけの世界にしないよう、楽しく取り組んでいただくことが願いです。本書でご紹介したご家庭でもできる声かけや学び方が皆さんのお役に立てば幸いです。

最後に、国語の講師をするなかで、「教えることは教わること」を身をもって教えてくれた子どもたち、そして教授スキルを惜しみなく授けてくださった先生方。

また、本書の執筆のきっかけをつくってくださった株式会社アートオブエデュケーション代表取締役の安浪京子様、ライターの門馬聖子様、この本を企画・編集してくださった大和書房の藤沢陽子様に心から感謝いたします。ありがとうございました。

金子香代子

参考文献

『おきなぐさ』宮沢賢治（偕成社）
『漢字の要』（発行所 株式会社代々木ライブラリー）
『世界を、こんなふうに見てごらん』日高敏隆（集英社文庫）
『中学受験という選択』おおたとしまさ（日経プレミアシリーズ）
『主語・述語専科』（株式会社 認知工学）
『指示語の特訓』（株式会社 認知工学）
『ふくしま式「本当の国語力」が身につく問題集 小学生版』福島隆史（大和出版）
『子どもの頃から哲学者』苫野一徳（大和書房）
『中学入学試験問題集』（みくに出版）
『ちびまる子ちゃんの満点ゲットシリーズ』（集英社）
2013 年 開成中学校入試問題より
2016 年 鷗友学園女子中学校入試問題より
2016 年 品川女子学院中等部入試問題より
2016 年 本郷中学校入試問題より
2017 年 桐朋中学校入試問題より
2017 年 立教新座中学校入試問題より
2017 年 芝中学校入試問題より
2017 年 広尾学園中学校入試問題より
2017 年 学習院中学校入試問題より
2017 年 芝浦工業大学附属中学校入試問題より

著者プロフィール

金子香代子 Kayoko Kaneko

福島県生まれ。長男で中学受験を経験。

株式会社 アートオブエデュケーション 国語家庭教師、中学受験専門カウンセラー。

中学受験専門大手進学塾にて国語を担当。「子どもの目線に下りる」をモットーに、国語の苦手な子ども中心に指導を行う。子どもに響く「声かけ」メソッドは、多くの親子に好評を得ている。

国語力はセンスでもなく読書量でもない——。得点につながる「読み方」「解き方」があり、それを“楽しく”学ぶことの重要性を説く。

大手塾講師時代は、最下位クラスの子どもたちを「目を輝かせる授業」で、青山学院中等部など有名校に続々と合格させている。

また、講師と母親の両視点から導く、家庭で攻略する国語セミナー、中受カフェは、つねに数時間で満席となる。

家庭ですぐに実践できる国語学習法が「AERA with kids」「日経 DUAL」で取り上げられ、教育メディアでも人気急上昇中。

編集協力——門馬聖子

中学受験《ちゅうがくじゅけん》　金子式《かねこしき》「声《こえ》かけ」メソッド
最速《さいそく》の国語読解力《こくごどっかいりょく》

2019年9月1日　第1刷発行
2022年12月30日　第4刷発行

著　者　金子香代子《かねこかよこ》
発行者　佐藤　靖
発行所　大和《だいわ》書房
東京都文京区関口 1-33-4
電話　03-3203-4511

カバーデザイン　吉田考宏
本文デザイン・図版　荒井雅美（トモエキコウ）
カバー印刷　歩プロセス
本文印刷　厚徳社
製本所　小泉製本

ISBN978-4-479-78477-7
乱丁・落丁本はお取り替えいたします。
http://www.daiwashobo.co.jp